Prognosis

PROGNOSIS

DECOLONIAL POETIC EXHALE // DESCARGA POETICA DECOLONIAL

BY **BOCAFLOJA** LITERARY TRANSCREATION BY **SIDONY O'NEAL**

Prognosis; Decolonial Poetic Exhale/Descarga Poética Decoloni

Cover photo: Cambio
Cover model: Matilda Fernández
Author Photo (back cover): Thomas de los Santos
Cover design: Fanp
Ortography review (Spanish): Andrés Azpíri
Formatting for print: Mónica García

Tradepaper ISBN: 978-0-615-90276-0
First Edition, December 2013

More information, booking the authors and orders:
www.emancipassion.com
mocambismo@gmail.com

a' woknal' eh / for you
deixe o moleque sonhar / deja al niño soñar

Contents

Intro	001
Safari	009
Global Warning	013
Pan dulce	017
Baldor	019
Darker Shade of Brown	031
Exile	056
Epistemology of the doobie	060
Underworld	065
Where?	073
Alphabet Soup	083
Cotton	089
Swag	091
Delicatessen	095
Collective Amnesia	099
Country teeth	127
BIO-lence	131
High Definition	135
Digestif	147
NOA NOA	151
Sublime	155
Communiqué	161
Four-engine	167
Seppuku no Harakiri	176

Índice

005	Intro
011	Safari
015	Global Warning
018	Pan dulce
025	Baldor
043	Darker Shade of Brown
058	Exilio
063	Epistemología del *doobie*
069	Inframundo
078	Algodón
086	Dónde?
090	Sopa de letras
093	Swag
097	Delicatessen
113	Amnesia colectiva
129	Diente del pueblo
133	BIO-lencia
141	High Definition
149	Digestivo
153	NOA NOA
158	Sublime
164	Comunicado Oficial
170	Cuatrimotor
170	Seppuku no Harakiri

Intro

A healing program that sets the expectations, progressive advancement, and governing details of a condition must, by necessity, correspond with the details underpinning the affliction.

We had to identify the prognosis of the colonial pathologies that reside in the body and psyche of the oppressed.

Navigating waters dominated by a cultural industry that promotes models of artistic production that remain servile and accomodating to the structures of power and colonial parameters of intellectual legitimization, counter-hegemonic cultural production has established itself as our most elemental right of self definition.

These are formats that redefine formal writing structures by presenting themselves as part of a narrative thread that is purely decolonial and emacipatory.

Poetry, essays, short stories, genres that intersect, interact, and reinterpret each other, formats that fearlessly disrupt and discursively defy the canon of antiseptic literature that continues to dominate.

The relevance of this project is coherent with the multi-dimensional condition of people of color around the world, for whom experiences of diaspora and migration must be expressed in more than one language. We believe in literary transcreation as the most effective process to reflect the essence of each word without losing their potency and poetic intention, and there is no more certain route than working with a writer and poet who is tuned to common frequencies and shared agendas; sidony o'neal is that complicit mind who has executed this precise selection, letter by letter, to give me a voice in English.

This is the sound of Prognosis; decolonial poetic exhale.

Bocafloja.

Prognosis is the articulation of a cartographic process. It is a map of right now.

In many ways this project is part of a loud conversation, a verbal salvo, disrupting a male dominated, global hegemony of english translation. At root, this project recognizes the primacy of translation and language work in "non-vehicular" literary spaces as a powerful disposition to the violence of homogeneity and erasure.

It is important to note that the "transcreated" works in *Prognosis* are offered as compliments. They are not air-tight creations made to deny an "original", rather, they themselves are also "originals"- written with a composite voice- in affirmation of the polyvalent and polysemic experiences of people of color worldwide. This collaboration challenges monolithic approaches to language by bringing several lects and registers into contact with one another on decolonial terms.

Historically, translation has been mobilized throughout the world as one of the primary instruments through which violent asymmetries are institutionalized, normalized, reified and embodied. Translation is the favorite tool of repressive, nationalist projects, neo-colonialist NGOs, and multinational corporate strategists. In this way, translation belongs to the same institutions that continue to define language, literacy and letters. It belongs to the same institutions that decide who is healthy and who is impoverished, it is governed by the the same bodies that determine who is legitimate, who is worthy of speech, who is in diaspora, who is "just brown", who "might be creole", and who is "merely black".

Translation is a sanitizing chamber.
Trans/creation belongs to us.

Ambi-narrative, bi-lect, doublespeak, *pensee - autre*, border speak, code switch, ancestral memory, improvisation, auto-cartography, self determination: these spaces belong to us.

Articulating our polychronic histories and making them available while retaining that complexity, both orally and textually, is fundamental to any practice of critical resistance and re-definition. In this vein, literary transcreation is a mode of cultural production that demands oscillation. Transcreation approaches language as body practice and habitus. It governs the space where poems, rhymes, fictions, songs, essays, interact *face a face*, as both interruption and overlap, working with parity and metonym to regect the comfortable digestion of our work. Transcreation is the abrogation of mere translation, which is complicit in the violent linguistic opression and division of marginalized and oppressed people worldwide, it is a refutation of cultural, linguistic, physical, and epistemological borders, literacies, and corpora that are not rooted in healing, resistance, and emancipation.

Prognosis is unlearning oppression through the body.

descarga|exhale

sidony o'neal.

Intro

Al hilo conductor de un proceso de afectación le debe corresponder necesariamente un programa de sanación que determine las expectativas, el avance progresivo y los detalles resolutorios de su condición. A las patologías coloniales en el cuerpo y psique del oprimido habíamos de identificarle su prognosis. Navegando en aguas dominadas por una industria cultural que pondera modelos de producción artística que resultan cómodos y serviles a las estructuras de poder y a los parámetros coloniales de legitimación intelectual, la producción cultural contrahegemónica se afinca como nuestro derecho más elemental de autodefinición.

Los formatos redefinen las estructuras formales de escritura presentándose como parte de una línea narrativa meramente decolonial y emancipatoria.

Poesía, ensayo, historias cortas, géneros que se reinterpretan y entremezclan sin miedo a incomodar y desafiar discursivamente a la asepsia literaria dominante.

La relevancia del proyecto es coherente con la condición multidimensional de la gente de color en el mundo, por lo que las experiencias diaspóricas y migratorias nos exigen expresar en más de una lengua. Creemos en la transcripción literaria como el método más efectivo para plasmar la esencia de cada palabra sin perder la potencia e intención poética, y en ese sentido no hay ruta más certera que trabajar con una escritora y poeta sintonizada en frecuencias afines y con agendas compartidas.

sidony o'neal es la mente en complicidad que ejecuta la selección más precisa letra por letra para darme voz en ingles.

Así suena Prognosis; descarga poética decolonial.

Bocafloja.

Prognosis es la articulación de un proceso cartográfico. Es un mapa del ahora.

En muchos sentidos, este proyecto es parte de una conversación en voz alta, una descarga verbal, que irrumpe con las hegemonías globales de traducción al ingles dominadas por hombres.

Desde su origen, este proyecto reconoce la importancia de una traducción y trabajo lingüístico en espacios que no funjan como plataformas para el borramiento y la homogeneización.

Es importante señalar que los trabajos de "transcreacion" en Prognosis son ofrecidos como una expresión de admiración. No se trata de creaciones hechas para negar la esencia original, por el contrario se trata de nuevas versiones originales que se alimentan de diversos elementos como afirmación a las experiencias polivalentes y polisémicas de la gente de color alrededor del mundo.

Históricamente, la traducción se ha posicionado en el mundo como uno de los instrumentos primarios a través del cual las violentas asimetrías son institucionalizadas, normalizadas, cosificadas y encarnadas. La traducción es la herramienta favorita de los proyectos nacionalistas represivos, de las ONG neo-colonialistas y de los corporativos multinacionales estrategas. En este sentido, la traducción le pertenece a las mismas instituciones que regulan el lenguaje, las letras y la literatura. Le pertenece a las mismas instituciones que deciden quien tiene salud y quien será empobrecido, es gobernada por el mismo sistema de entes que determinan quien es legitimo, quien tiene la capacidad de articular un discurso , quien es parte de la diáspora, quien es café, quien es *creole* y quien es "únicamente" negro.

Traducción es una cámara desinfectante.
Transcreacion nos pertenece.

Narrativa enriquecida, doble dialecto, doble sentido, *pensee-autre,* palabra desde el margen, cambio de códigos, memoria ancestral, improvisación, auto-cartografía, auto-determinación. Estos espacios nos pertenecen. Articular nuestras historias policrónicas y volverlas disponibles sin perder su complejidad oral y escrita es fundamental en cualquier practica de resistencia critica y proceso de redefinición. En esa línea, la transcreacion literaria es un modelo cultural de producción oscilatorio. La transcreacion se acerca al lenguaje como una practica y habitus corporeo. Domina el espacio donde poemas, rimas, ficción, canciones y ensayos interactúan cara a cara interrumpiéndose y sobreponiéndose uno a otro. Metonimia y paridad que refuta la digestión simplista. Transcreacion es el rechazo automático a la traducción simple la cual es cómplice de la violenta opresión lingüística y los procesos de marginalización a través de este proceso alrededor del mundo. Es impugnar aquellas barreras culturales, lingüísticas, físicas , epistémicas y de conocimiento practico que no están enraizadas en procesos de sanación, resistencia y emancipación. Prognosis es desaprender la opresión a través del cuerpo.

descarga|exhale

sidony o'neal.

Safari

Betty's nephew went to war
I always knew that coincidences tend to be untimely,
without warning, they are ungrateful, unjust.

How do you avoid feeling responsible for tragedy?
if only we had known that you went around
exploring the mine field.

An idiot on your left, the one who introduced you to
the Anahuak took you for a
walk through the largest failure in the colony,
they brought you to *criollismo's* roughest playroom,
an irresponsible tour with little imagination,
or perhaps a rat who makes the secret service's
work easier.

Betty's nephew didn't hesitate in shouting for Black
and Brown unity.
See how they wanted him to end the story!
Polarizing hate between *prietos*
'cause we keep sitting outside of ourselves, between
vendettas for sport, fantasies of subjective inclusion,
penis mediums and insults only worthy of Benjamin
Franklin.

They ambushed you in line with the montages of
their assembly,
an execution that barely kept us from bleating at
everything.

What a psychopathic perversion to transition to
mariachi rhythm,
at symbolic level, it is impossible to find a
soundtrack more problematic.

Who wants to see the face of the innocent?
We know that heroes are made fighting for their last
three breaths in whatever city.
They want you to pant like a pariah, like a drunk on
a horse, stomping decadent
bitches in the underworld,
'cause liberals called up history and assigned you an
automatic veto, clearly,
throwing a stone at your grandfather's memory,
how they are saying; we see the way they unleash
militancy, radicalism is a lack of control.

Low intensity bombing on whomever rejects
credentials as a component of servitude.

Betty's nephew went to war and, with a tremendous
pain, we sent him a
telegram that said:

"Elephants are not domestic animals. Safari. Make
dinner. Malcolm is on the way."

Malcolm is big, yelled little Malcolm.

Safari

El nieto de Betty se fue a la guerra.
Siempre supo que las casualidades suelen ser
intempestivas; no avisan, son ingratas, injustas.
¿Cómo evitar sentirse responsable por la tragedia?
Si tan solo hubiéramos sabido que andabas
explorando el jardín minado.

Un idiota a tu izquierda el que pa' introducirte al
Anáhuac te pasea por el fracaso más grande de la
colonia;
te llevaron a la ludoteca más burda del criollismo,
guía irresponsable y poco imaginativo,
o quizá una rata que le facilitó el trabajo al servicio
secreto.

El nieto de Betty no vacilaba en gritar *Black & Brown
Unity*.
Y mira cómo querían que acabara el cuento,
polarizando el odio entre prietos,
pa' que nos sigamos sintiendo ajenos, entre
vendettas por deporte, delirios de inclusión
subjetiva, medidas del pene e insultos sólo dignos de
Benjamin Franklin.

Te hicieron una emboscada coherente con los
montajes de su calibre,
un fusilamiento que nos roza de bala a todos.
Qué perversión psicopática es hacer la transición al
ritmo de un mariachi;

11

es imposible encontrarle un soundtrack más
problemático a nivel simbólico.

¿A quién quieren verle la cara de ingenuo?
Sabemos que en la manera de luchar por los últimos
tres respiros es como se construyen los héroes en
cualquier pueblo.
Te quieren pintar como un paria, como un
borrachón de esquina golpeando putas decadentes
en el inframundo,
pa' que los liberales le den una llamada a la historia
y te asignen un veto automático,
y claro, de paso una piedra a la memoria de tu
abuelo,
como diciendo: miren en qué desencadena la
militancia, el descontrol del radicalismo.

Bombardeo de baja intensidad a quien rechaza la
acreditación como parte de la servidumbre.

El nieto de Betty se fue a la guerra y con una pena
tremenda le enviamos un telegrama que decía:

"Los elefantes no son animales domésticos. Safari.
Prepara la cena. Malcolm va en camino".

Malcolm es grande, gritaba el Malcolm chiquito.

Global Warning

This will melt you!
It would subdue any Siberian mammoth!
those $9.99 Chinese fans are a costly placebo,
that shit can't even help you on a kinda muggy day,
let alone this fucking heat!

We've spent a year complaining about this cold ass
weather and now...
take it! take it in the face, pum!
we have to marinate in a crock pot,
like the banquet's main course.

The *ConEdison* account is almost used up,
there's no such thing as an air budget, especially if
the air is cooled.

This family republic declares itself in a special
period,
like Fidel's special period... and Obama's.

Cold water, cold water, 1 dollar
Cold water, cold water, 1 dollar

And those women, mhmhmh!
wo-men!
Killing the game and killing my boredom,
a booty can solve any crisis.

Some film put it well:

13

"Up above, there is an attic and in that attic is a treasure that is greater than the triumph of the proletariat".

Ain't that the truth!
I'm out here calling for a second of real justice, demanding that you sit on my face without them panties.

Cold water, cold water, 1 dollar
Cold water, cold water, 1 dollar.

Cold.

la bodega, *el colmado*, the corner store
all silently celebrating a momentary mental triumph
one that sheds the slave robes for a couple of hours
and lets the breeze flow through,
the price of homesickness for a story that we have
never seen and one day dream
we will visit.

Global warning.
With an "n".

Cold water, cold water! For a dollar
Cold water, cold water! For a dollar

Global Warning

¡Esto está pa' derretirse!
¡Pa' someter a cualquier mamut siberiano!
Los ventiladores chinos de $9.99 son un placebo
muy costoso,
¡esas mierdas no resuelven un bochorno de carácter
medio!

¡Qué calor más hijo de puta!
Nos hemos pasado el año entero quejándonos del
jodido frío y luego...
¡toma! ¡en la cara! En una olla de cocción nos tienen
marinando,
mientras la cuenta de *Conedison* está poco menos
que explotada;
no hay presupuesto para aire acondicionado,
declaramos a esta República familiar en un periodo
especial, como la de Fidel...
como la de Obama.

¡Cold water, cold water por 1 dólar!
¡Cold water, cold water por 1 dólar!

¡Y esas mujeres!
mu-je-res
matando la liga y matándome el tedio
con esas nalgas que resuelven cualquier crisis
irresoluta,
nos fuimos a la guerra, primera línea de batalla,
¡dime que no es cierto!

aquí clamando por medio segundo de justicia social
para que te sientes en mi cara

¡Cold water, cold water por 1 dólar!
¡Cold water, cold water por 1 dólar!

La bodega, el colmado, la tiendita de la esquina,
todos celebran en silencio un triunfo anímico
momentáneo,
el de quitarse el ropaje de esclavo por un par de
horas y dejar fluir la brisa,
un tributo a la añoranza del cuento que nunca
hemos de ver y algún día soñamos haber visto.

Global warning
con "ene".

¡Cold water, cold water por 1 dólar!
¡Cold water, cold water por 1 dólar!

Pan Dulce

This naively lionized "natural competition" within rap doesn't necessarily have to be confrontational.

When a symbolic exercise of oppression manifests itself through a word used between a person who has historically been oppressed standing in front of another person in that same position, the possibility of an individual to empower and dignify themselves through art is completely nullified, resulting in a crude spectacle that aligns itself with hegemonic interests that are watching us exterminate ourselves in an act of cannibalism.

Transgressions in the mirror. indirect self-interpellation.

Self-promoting *villancicos*: I'm the greatest, the strongest, the richest, the slickest, with the biggest dick, *macho-macho* penetration (the *macho* is the *puta* if he's the one receiving), and always: I will stomp you, destroy you, turn you into nothing, mourn over you.

Miniatures.

Pan dulce

La ingenuamente glorificada "naturaleza competitiva" dentro del rap no debe ser necesariamente confrontativa.

Cuando se manifiesta un ejercicio de opresión simbólico a través de la palabra entre un ser históricamente oprimido frente a otro de su misma condición, se anula por completo cualquier posibilidad de empoderamiento y dignificación del individuo a través del arte, resultando únicamente en un espectáculo burdo coherente con los intereses hegemónicos que supervisan nuestro propio exterminio a través de un acto canibalista.

Transgresiones al espejo, autointerpelaciones indirectas. Villancicos autoadulatorios: soy más grande, más fuerte, más rico, más listo, con el pene más largo, penetración macho-macho (el macho es puta si es quien recibe), siempre te aplasto, te destruyo, te convierto en nada, te anhelo un todo.

Mínimos.

Baldor

I still have issues with Baldor's algebra, with those fifty laps around the schoolyard under the 1:35pm sun.

Criminalized for saying an idiotic word, under idiotic criteria, by an iditot who felt idiotically empowered.

A nascent penitentiary system, learning to memorize, to lie compulsively under an act of terror, nobody wanted me in this concentration camp, the rules were clear: dark kids are undesired, unpopular, dirty and poor, this meant that the walking manifestation of the sublime went by the name of Renato, organic antagonism.

The teachers constantly used him as an example during personal hygiene evaluations, always concluding with perverse severity: Renato could easily double for the Prince of Asturias.

Theater performances, dances, promotional flyers, open house, Renato was naturally the front-man of our infamous primary school.

Renato was surely a direct descendant of one those Frenchmen brought in by the Porfiriato, I suspect he was the nephew of some tradesman who had gone bankrupt during the *priismo* crisis.

Somehow we knew that economic factors weren't important in this micro-space because Renato ate free lunch everyday, if there wasn't some administrative worker who afforded him lunch, there was some secret admirer in class who in their effort to get close to Renato, was capable of not eating as long as they could guarantee the daily health of the prince of underdevelopment.

I recall perfectly an occasion where Renato presented himself in P.E. class wearing a pair of old tennis shoes with a patch that had some cartoon character on it, with the consequence that the entire class praised his "creative capacity" and his sense of fashion.

I wasted no time in the elaboration of an immediate strategy to mess up my tennis shoes and patch them up like Renato. I actually believed that a patch was the difference between invisibility and inalienable beautification.

On the other hand, Raymundo, the darkest skinned kid in the class, my only friend and originally from Michoacan, the one who suffered from hepatitis and worse, even though was kicked out of class for several months following his recuperation, always had tennis shoes with patches, was the constant object of mockery and humiliation.

Here, math could not contain me. It never could.

The prize for the students with the best grades for the month was to take them out to eat Pizza. Pizza in the context of 80's Mexico City within certain socio-economic contexts was a species that you approached voyeuristically in the practice of suburban students' social interaction that we in some ways aspired to emulate after having seen it on some television show, the same ones that were retransmitted using open circuit TV probably several years delayed.

This fact evidently brought up some inherent conditions; First of all, the cost of the pizza was not taken care of by the school unless the prize consisted in organizing activities with alumnus.

The monthly challenge, much greater than getting good grades, was trying to convince my dad why he should give me money so I could attend the ceremonious and quasi-mythical convivence that took place in the iconic "Feromaldo's Pizza & Yards" to the sound of music videos playing on two televisions that were hanging on the wall.

I only went to the pizzeria one time and the music of the group Roxette in the background still resounds in my psyche like a colonial drill reminding me of a harsh oppressive process with monthly quotas to meet.

From 7am to 2:45pm, that tiny prison brought forth disciplinarians of the martial variety, guided by a heavy scheme of control through an impulse of self-deprecation.

For decades I was socialized like an unsightly animal, neutralized in every emotional capacity based in that deep insecurity generated by that overwhelming aesthetic that I had to confront each day, a psychic castration that "fortunately" offered the possibility of a partial cure.

I have not changed the names in this story to protect the identity of those criminals by slight voluntary association, but unfortunately I don't remember most of them are indebted to my system of natural self-defence that has forced me to erase their data through selective memory.

Those people don't deserve any attention or satisfaction. Their face, smell, size, abuse and absurdity remain entrenched in this historic carnival of harlequins, vikings and cymbal monkeys.

I became beautiful, almost by accident, thousands of kilometers away from the desk of school director Jorge Arjona on the edge of Villa Copa and the CTM Culhuacan. I transcended the metaphysical borders of colonialism ephemerally by having my animal-ness exoticised and sexualized in the new context of liberal democracies.

But this is my actual reality, it goes much further and indescribably than the mind of a 9 year-old boy. Perhaps the psychological bombardment started it. Fruits, even the ones I gather every morning; acidic fruits in the reconstruction of complexes.

I don't worry about Renato any more. I could speculate a thousand theories trying to construct in my mind a history that reflects his state or actual quality of life, but it doesn't matter. The story of Renato is the same that *criollismo* outlines and I indulge with bloody sugar.

The path of the "good man" has a biological framework in this colonial bubble and this is a real privilege. A silent empowerment capable of generating money, breaking hymens, selling dreams and duly designing pleasure in underworld parades.

This is my graduation dance over 25 years later. With scars, the rewards of counterinsurgency.

Years later, in the middle of a healing process, I fucked the sexiest and most popular girl that once attended that infantile prison only for the pleasure of spitting on her and to exorcise myself of its terrorism, spitting on the basis of its daily dose of deprecation against my person every school year. "Now I can" said the old elders. Each thrust while penetrating her resulted in a re-appropriative bias, a fleeting emancipatory exercise. A pyrrhic victory in recent adulthood that functioned as my first political transgression.

Say my name!
Say my name!
Say my name!

They don't sell pizza at "Fermaldo's" anymore.
I know that Baldor went by the name of Aurelio, fled Cuba and hid in Miami.

Deconstructing a thousand Renatos.

Baldor

Aún tengo pesadillas con el álgebra de Baldor. Con las cincuenta vueltas al patio de la escuela bajo el sol de la 1:35 pm.

Criminalizado por decir la palabra pendejo bajo el criterio pendejo de un pendejo que se sintió empoderado pendejamente. Sistema penitenciario infantil, aprendiendo a memorizar, a mentir compulsivamente bajo un acto de terror; nadie quería ser yo en ese campo de concentración. Las reglas eran claras: los prietos son indeseables, impopulares, sucios y pobres. Es así que la personificación de lo sublime tenía por nombre Renato, antagonismo orgánico.

Los maestros constantemente lo utilizaban como el ejemplo en la evaluación de aseo personal, siempre concluyendo con una aseveración perversa:

Renato podía ser tranquilamente el doble del príncipe de Asturias.

Representaciones teatrales, bailes, trípticos promocionales, clases abiertas, Renato era el *frontman* por naturaleza de nuestra infame escuela primaria.

Renato era seguramente descendiente directo de uno de aquellos franceses importados por el Porfiriato, especulo que nieto de algún comerciante financieramente venido a menos durante su andar por las crisis del *priismo*.

Sabíamos de algún modo que el factor económico no era fundamental en ese microespacio porque Renato comía gratis diario; si no era alguna trabajadora administrativa quien le brindaba el almuerzo, era alguna admiradora de la clase que, en su esfuerzo por establecer nexos con Renato, era capaz de no comer con tal de garantizar el saludo mañanero de aquel principito del subdesarrollo.

Recuerdo perfecto una ocasión en que Renato se presentó a la clase de educación física con un par de tenis viejos y enmendados con un parche el cual tenía algún dibujo caricaturesco, lo cual trajo en consecuencia que la clase entera alabara su "capacidad creativa" y su "sentido de la moda".

No dudé en elaborar una estrategia inmediata para romper mis tenis y colocarles un parche similar al de Renato. Ingenuamente creí que un parche haría la diferencia entre la invisibilidad y la beatificación inalienable.

Por otro lado Raymundo, el niño de piel más obscura de la clase, mi único amigo y originario de Michoacán, el cual sufrió de hepatitis y peor aún del rechazo de la clase por varios meses posteriores a su recuperación, siempre tuvo los tenis con parches siendo objeto constante de burla y humillación.

Aquí las matemáticas no me cuadraron. Jamás cuadrarían.

El premio a los estudiantes con mejores notas durante el mes era llevarlos a comer pizza. La pizza en el contexto de los años 80s en la Ciudad de México dentro de cierto contexto socioeconómico era una especie de acercamiento voyeurista a las prácticas de interacción social en los suburbios estadounidenses que nosotros de alguna manera aspirábamos a emular después de haberlas visto en alguna serie de televisión, mismas que eran retransmitidas por el circuito abierto de TV probablemente con algunos años de retraso.

Este hecho acarreaba evidentemente ciertas condicionantes inherentes; primeramente la cuenta de la pizza no corría a cargo de la escuela, ya que el premio consistía únicamente en llevar a los alumnos y organizar la actividad.

El desafío mensual más allá de obtener buenas notas era el tratar de convencer a mi padre para que me diera dinero y pudiera asistir a la cuasi mítica y ceremoniosa convivencia a celebrarse en el icónico "Feromaldo's Pizza & Yardas" al son de videos musicales grabados, los cuales eran reproducidos en dos televisiones colgadas en la pared.

Sólo asistí a la pizzería una vez y la música del grupo *Roxxette* como fondo aún retumba en mi psique como un taladro colonial recordatorio de un proceso opresivo severo y con cuotas mensuales por cubrir.

Aquella pequeña prisión de 7:00 am a 2:45 pm promulgaba patrones disciplinarios de índole marcial, determinados por un profundo esquema de control a través del estímulo al autodesprecio. Por décadas socialicé como un animal desagradable a la vista, neutralizado para cualquier capacidad amatoria basada en esa profunda inseguridad generada por ese determinismo estético avasallador que había que enfrentar todos los días; una castración psíquica que "afortunadamente" ofrecía posibilidades de cura parcial.

No modificaría los nombres de los personajes en esta historia para proteger la identidad de estos criminales por asociación parcialmente voluntaria, pero desafortunadamente no recuerdo la mayoría de ellos debido a un sistema de autodefensa natural que me forzó a borrar sus datos a través de una memoria selectiva.

Ellos y ellas no merecen ningún tipo de miramiento o complacencia.

Su cara, olor, tamaño, abuso y absurdo quedan arraigados en este carnaval histórico de arlequines, vikingos y monitos cilindreros.

Fui a descubrirme bello casi accidentalmente a miles de kilómetros de distancia del escritorio del Director escolar Jorge Arjona en los bordes de Villa Coapa y la CTM Culhuacán. Trascendí las fronteras metafísicas del colonialismo efímeramente para descubrir mi animalidad exótica y sexualizada en el nuevo contexto de las democracias liberales.

Pero ésta mi realidad actual se veía tan lejana e indescifrable en la mente de un niño de 9 años. El bombardeo psíquico apenas daba comienzo. Los frutos aún los recojo cada mañana; frutos ácidos en la reconstrucción de complejos. No supe más de Renato. Puedo especular mil teorías tratando de construir en mi mente una historia que refleje su estado o condición de vida actual, pero no hace falta. La historia de Renato es la misma que el criollismo trazó a pinceladas y endulzó con azúcar ensangrentada.

La ruta del "buen hombre" tiene su marca biológica en esta burbuja colonial y eso es un privilegio de facto. Un empoderamiento silente capaz de generar dinero, romper hímenes, vender sueños y diseñar el goce puntualmente en las paredes del inframundo.

Este es mi baile de graduación más de 25 años después. Con cicatrices, galardones de la contrainsurgencia.

Años después, a la mitad del proceso sanatorio, me cogí a la más buena y popular de aquel receso en aquella prisión infantil sólo por el placer de escupirla y exorcizarme de su terrorismo vertido en base a su dosis diaria de desprecio contra mi persona cada ciclo escolar. Ahora que puedo, dirían los viejos. Cada embestida en aquel coito veinteañero resultaba un sesgo repropiatorio, un fugaz ejercicio emancipatorio. Una victoria pírrica en una adultez reciente que se afincaba como mi primera transgresión política.

¡Grita mi nombre!

¡Grita mi nombre!
¡Grita mi nombre!

Ya no venden pizza en "Feromaldo's".
Sé que Baldor tenía por nombre Aurelio, salió corriendo de Cuba y se escondió en Miami.

Deconstruyendo a mil Renatos.

Darker Shade of Brown:
Tribulations, colonial psychological
affliction, and a burlesque called Hip Hop

*How the fuck a skinny-assed little peckerwood gonna fall
out a god damned plane and tell the Africans, the lions,
and the tigers what to do?*
-Pa Baltimore referring to Tarzan
Jamal Joseph
Panther Baby

*...what cannot be avoided in any case is that it (Hip Hop)
emerged as a part of a pre-existing, and global, imperial
process of colonization that had long been in full swing.
The Hip Hop nation is a colonized extension of a predating
and continuing colonialismo that engulfs its progenitors
and governs still the process and necessity of the theft of
soul or the grossest forms of distortion of communication.*
Jared Ball
I Mix What I Like!: A Mixtape Manifesto

31

Real, fake, fake, real: the dyad mantra that is seated at the crucial departure from the legitimization of a cultural movement that is in perpetual crisis. Their symbolic manifestos debate daily without reaching the boredom on a frenetic race to find public acceptance and recognition. Pyrrhic victories. At root, we must recognize Hip Hop as a consequence of connected historical processes that transcended the official transcript that was being reproduced in a large part of the culturalist imaginary that understood *Kool Herc* as a kind of mythological creating force who "invented" a form that was exclusively artistic- minimizing the racial, social, and political conditions that ignited the mobilization of the oppressed body in order to exorcise the excesses of a community mired in isolation, marginalization and the dynamics of daily emergency brought on by systemic terrorism.

In truth, *Kool Herc* was the first personality to emerge visibly from this confluence of conditions that culminated in the affirmative political exercise we know as Hip Hop. However, it is crucial that we revisit a few decades much further in time.

How can it be said that the presentation given at Wattstax in 1972 isn't a relevant experience in the series of instances that the cultural industry likes to label with precise birthdates? The same is said of jazz in the 30's and even more so those old school oral traditions with clear rhythmic patterns, narratives, and aesthetics very similar to Hip Hop when we know they have actually nourished it.

32

This is how the first block party dances presented the body of the oppressed as vehicle that sprang up spontaneously transgressing the hegemony. On one end, while the narrow criteria of cultural elites was busy praising discursivity in the artistic process of politicization, a diasporic Caribbean conglomerate in South Bronx was yelling "*presente!*" and strengthening their desire for self-determination with only the movement of their asses in 4/4 time.

That humid summer in the projects, an acoustic guitar was passively sending notes full of messages about a bank, loudly vocalizing metaphors like: a symptom of white melancholy resulted in and continues to result in many barren people looking for a touch of melanin.

At the same time, south of the border, the culmination of historic ingredients was very similar. The era of *Reaganomics* had a domino effect on the neo-colonial economies that were economically dependent on the United States and morally dependent on Spain, France, or Germany. This was coupled with a slow process that involved years of authoritarianism, corruption, systemic racism, internalized colonialism, asymmetries produced by colonial pillaging, *cacicazgo*, and above all in afflictions of the psyche of every person of color who was made a citizen in the "republics of the underworld".

In this particular case I am going to focus on Mexico; the republic of *Criollo* fortune, the economy of remittance, the baroque aesthetic, the narco-state, the 40 million people living in extreme poverty, the thousands of textures in the flux of transmigrant experience, and those beautiful people who resist, sometimes blindly, who confront and are critical of their subjective inclusion in the national project as though it were their worst enemy.

Recently someone sent us a link promoting a new rapper in the Mexican scene who, in an interview, explained that his nickname originated from the admiration he held for Adolph Hitler. More than the tremendous absurdity of this implication, there is also a perverse symbolic representation that highlights some very problematic situations that have not only been normalized within their own artistic or alternative communities but have also been legitimized in an argument for the supposed creative freedom that is implicit in Hip Hop.

In this moment, every direct, organic and inseparable relationship to Hip Hop as a fundamentally anti-racist and emancipatory experience is completely diluted and reimagined south of the border as a poor hybrid art form, with neither a head nor feet, that extols Hitler as much as a *Zapata* or Woody Allen and Hannibal Lecter in the same verse.

We are witnessing a grotesque spectacle; one filled with narratives of apathy and crude creative drive, with unclear competition, mediocre orality, poetry that is non-existent and coming from normalized ideologies; an unintentional burlesque.

A couple of years ago, we had the opportunity to give a concert in Madrid for the first time. It was a concert that we were paradoxically invited to by the *Casa America* via the *Centro Cultural de España* in

Mexico, which functions as a physical space to bring various cultural activities that are mostly "free" with the clear agenda of setting a specific standard that is congruent with liberalism; Programs that promote plurality, tolerance, "progressive" movements, multiculturalism, sexual diversity and other semantic praise-names given to democratic exercises, meaning hierarchy and racial stratification in their performative roles, and cultured whites in positions of power and decision making, don't have to cross the line into the "other exotic", some sort of "symbolic reparations" program in the ex-colonies. We agreed to participate in the festival obviously for the opportunity to visit Spain and as part of a strategic position to present a project with a decolonial narrative through rap in within the matrix of *Hispanidad* and its vicissitudes.

Aside from the many details and experiences of the trip, the instance that caught my attention the most, was the ability to see a very peculiar phenomenon of cultural appropriation up close; white Spanish men exhibiting a profound, almost erotic, fascination with the gang culture of Chicanos and Mexicans from Southern California, to a level that clearly superceded mere glorification and gave birth to a perverse mimetic process that was completely out of context.

So you have these naïve members of a fake *Sur 13* gang walking the narrow streets of central Madrid, stealing a model of forced oppression that can be turned on or off, as it is convenient, with the historical benefit of their mayoral blood. Low rider bikes, shirts with the number of their favorite

California gang printed on the chest, I see them passing by what remains of imperial Iberia washing away their guilt in the most radical way possible; the great conqueror impersonating the conquered, in a place where the direct nephew of *Cabeza de Vaca* put forth his picturesque intent to modify his accent in the pronunciation of the marked "S" to that of the Chicano "ese" in Echo Park, decorating his body with flashy tattoos that emulated prison codes that would get you arrested on sight in any *barrio* in the United States...I have nothing but a tremendous amount of embarrassment (that they clearly aren't feeling) for these people.

Those lovers of the gangster pantomime forgot to investigate what Cesar Chavez meant to the fathers of their idols in the *campesino* community, or what kinds of ethical and moral functions and responsibility to their community the "Mexican Mafia" or "Nuestra Familia" have at their origins, they forgot to appropriate the history lessons of George Jackson's Soledad Brothers, and they will never know that Kid Frost's "This is for *la raza*" was a political affirmation. *The Zoot Suit Riots* is not a Spanish sitcom.

In contrast to the merely antagonistic disposition of the aforementioned caricatures, the main triumph for consumer societies has emerged in the form of a rhyme, the middle class indoctrinated by the hegemonic cultural industry through cable television, pretentious Puritanism and complete desensitization to any kind of responsibility beyond grabbing a microphone, spitting some well executed rhymes, packaging them in the most attractive way,

36

and starting an incessant campaign of indulgent self promotion where the primary objective is to consider oneself "the best of the best". The redundancy is intentional both grammatically and in all possible senses of the word.

The light of the super-ego dims in the face of those titans of *braggadocio*.

Rap that talks about rap is for the "Hip Hop heads", the preferred name of "the chosen ones", and is really just an exercise in self-definition that tries to present itself as part of an elite circle of "experts" who, instead of generating an agenda that is directly in touch with the community, unknowingly express a position that is merely nihilistic, conservative, and ideologically flat.

Despite the serious irrelevancy these types of artistic projects will enjoy in the long run, it is possible to identify a measure of consistency inside of particular social spaces within the Spanish middle class, and in this way predicting that, in the worst case, we are looking at the creation of an industry that practically consumes itself on a regional level. Yes, it is unjust and impossible to make a categorical generalization. There are projects that act as the natural antithesis to those binary spectrums and do reach spaces with more visibility, in terms of impact, outside of Spain.

For the sake of this analysis, the part that is most problematic is when those aficionados of verbiage cross the continent and land in Latin America and are transformed into a new crop of colonial demigods, venerated by tens of thousands of people, who are re-establishing cultural codes as they move across the barriers of the pleasant streets of Seville to germinate and bear amorphous fruit in the *barrios* and peripheral zones on the left side of the map.

It would only be a small victory if the preferences and cultural aesthetics of consumers in Mexico completely disassociated from any permanent dependency relationships or colonial influence.

Perpetual self hate comes from the constant beating of systemic racism on *indios* and blacks and, during independence movements and revolutions in the past, it has come by way of a beneficial *Criollo* benefactor. The steady plans of "whitening" and "racial improvement" have permanently idealized this aspiration to drape oneself in "fine lines" imported from Paris or some Spanish duke, self hate comes from the same entities who have dictated every canon and mechanism for the appreciation of beauty, social disposition and moral matrix as a pillar in the foundation of *Mexicanidad* and its many myths.

Welcome to the concert. A couple thousand of inhabitants from the dark periphery are enthusiastically singing the "poetry" of melancholy and reflection from the Iberian suburb.

This phenomenon within Hip Hop is only one of the millions of consequences of primitive processes that is directly linked to race relations in Latin America, with all of its colonial despotism and specter of permanent subordination in the respectful socialization the new *caciques* who have the mindset of a rapper.

Recently, in a response during an interview for an Argentinean review, I touched on the theme of affinity and antagonism being at the root of a merely discursive position, and then commented that, in spite of the implied automatic nexus within the work of rappers in Spain who consider themselves militant (and for the most part defend orthodox Marxism or Anarchism in some cases), I had a much more solid and automatic connection with rappers like 50cent, with whom, despite the fact that he discursively represents much of capitalism's worst vices, I could establish another type of connection based on the process of racial, historical, and cultural similarity with the inflection in our body language. Such that, at the end of the day, 50 cent's personal development is not very different from my own, except that in my case, I had the privilege of access to certain non-hegemonic sources of information being applied to the transgression of power structures through art and activism, which in this framework represents a daily battle with an economic situation- it is here, where the "unfortunate one" is located in the majority, that we choose this route.

For 50cent, the privilege of having access to a large sum of money represents a direct compromise with cultural hegemonies and the large entertainment corporations, who in turn gave him a serious detriment: the nullification of his political power in the co-optation and diminution of his person in a commercial object.

Despite our radical departure in interests and the issues that could hypothetically arise from my imaginary relationship with 50cent, I brought up those fundamental ties to assert that, for me, there are many more relevant and important points of connection, including 50cent's level of politico-symbolic potential, than the politico-symbolic figure of white Spaniards dressed up like Bolsheviks. Miram Makeeba didn't have to recite a political theory manifesto because her smile alone was a painful maxim to structures of power.

Meanwhile, in the southern backyard, that land two centimeters into Tijuana, the more they work to perfect the art of virtuous longing, the more any affirmation or political responsibility is diluted-especially within the new "kings of the game" and their circus of rhymes and subjective realities. Hypermasculinity manifests as the product of patriarchal doctrines and the mayoral lash as a symbol of success and honorability, it is faithfully reproduced in the Hip Hop community as a sad extension of colonial metastasis. *Macho*-real-power-respect. All of it is subjective, I repeat, all of is subjective. The four elements.

I take my attention now to the recurrent obsession with the idea of man-man anal penetration as a synonym, blunt and humiliating, of oppressive victory, that the language of rap translates through predictable allegories within those competitive spaces that are so en vogue, resulting in a vile, regressive performative act that is incoherent with the most basic and elemental definition of rap as an act of empowerment for oppressed people around the world.

More than a critical exhale, the intent of this text is to articulate and expound in some way upon a series of basic conflicts in a way where it is possible to replicate discourses that can help establish a much more coherent, serious, transgressive, and productive criteria of affirmation and legitimization in collective and community space.

Particularly in Mexico and in many other Latin American countries, this constant lynching goes against they type of Hip Hop that tries to open doors within academic spaces, and it is left flat and inauthentic in an act of self-flagellation.

The sycophantic praise of that fantastic abstraction called "the streets" ,where symbols of virility are the only platforms of validation used to "prove" to other members of the Hip Hop community, becomes even more problematic and suspect in a society that in the last 7 years has lost almost 100,000 people to violence.

When we talk about academic space, it must be emphasized that we are making clear reference to the reclamation of a critical pedagogy that is strengthened by rap's own natural history, a reclamation that redefines space that has historically omitted marginalized people of color, in this way multiplying and sharing access to sources of information that question the mono-cultural system of knowledge itself.

Co-optation and normalization have already begun- clear examples abound. The burlesque has already sold the good slave on *prime time* television, and the corporate world has begun to explore the possibility of capitalizing on tiny investments that serve as the perfect mirage to create a bubble of subjective success in the minds of the dispossessed. Rap from the underworld will never have access to oil money because subjugation has reduced it to the scale of local economy. It takes 13 pesos to buy a 1 dollar.

Understanding Hip Hop beyond the memorization of its watersheds requires understanding the series of historical, cultural, and political dispositions that are unalienable and necessarily germane to its body, which are the key to activating, as a measure of exigency, personal dignity and collective responsibility.

This is an adult game where age doesn't matter, cause' some use a beard but only spit lullabies decolonial love in the third grade so you can relax, I left that Napoleon mask at the colonial masquerade.

We went to the mother and didn't find land.
We talked to the Atlantic and it told us that the diaspora is strong
we knew how to escape their vacuum,
that sucked up humanity under the pretext of aid
Use your dance to fight, your victory is their dismay,
if you are not free, I include you in this work as well,
it is not narcissistic, if you do not feel beautiful and brilliant,
they will not put you on the list, ask questions when you hear that history has already spoken for conquest.
Colonization, Conquista.

Darker Shade of Brown:
Tribulaciones, afectación psíquica colonial y un burlesque llamado Hip-Hop

How the fuck a skinny-assed little peckerwood gonna fall
out a god damned plane and tell the Africans, the lions,
and the tigers what to do?
-Pa Baltimore referring to Tarzan
Jamal Joseph
Panther Baby

...what cannot be avoided in any case is that it (Hip Hop)
emerged as a part of a pre-existing, and global, imperial
process of colonization that had long been in full swing.
The Hip Hop nation is a colonized extension of a predating
and continuing colonialismo that engulfs its progenitors
and governs still the process and necessity of the theft of
soul or the grossest forms of distortion of communication.
Jared Ball
I Mix What I Like!: A Mixtape Manifesto

43

Real, falso, falso, real, es el mantra dicotómico que se asentó como el apartado fundamental en el proceso de legitimación de un movimiento cultural en crisis perpetua. Sus manifiestos simbólicos debaten diariamente sin llegar al hastío por un galardón colectivo que los afirme como portadores de las formas inequívocas. Victorias pírricas.

Es fundamental comprender que el Hip-Hop es consecuencia de una serie de procesos históricos previos que transcienden a la bitácora oficial reproducida en el grueso del imaginario culturalista el cual entiende a *Kool Herc* como una especie de ente creador mitológico que "inventó" una forma exclusivamente artística, minimizando así las condiciones raciales, sociales, económicas y políticas inherentes que tuvieron como producto esta movilización del cuerpo del oprimido para exorcizar el hartazgo de una comunidad hundida en la exclusión, marginación y en las dinámicas de emergencia diaria impulsadas por el terrorismo sistémico.

Kool Herc fue en realidad la primera personificación visible de este conjunto de condiciones que culminaron en un ejercicio político afirmativo identificado como Hip- Hop, sin embargo es preciso remontarse varias décadas atrás en el tiempo.

¿Cómo decir que lo presentado en Wattstax en 1972 no es una experiencia previa a esta serie de manifestaciones que la industria cultural optó por certificar con fecha precisa de nacimiento, o bien, muchas de aquellas expresiones jazzísticas en los

30s o aun más aquellas antiguas tradiciones orales con claros patrones rítmicos, narrativos y estéticos de los que el Hip-Hop como lo conocemos actualmente se ha nutrido?

Es así que el baile de aquellas primeras fiestas callejeras presenta al cuerpo del oprimido como un vehículo que emerge transgrediendo espontáneamente a la hegemonía. Por otro lado, mientras la angostura en el criterio de las élites culturales únicamente valida los procesos de politización en el arte a través de la discursividad, un conglomerado diásporo antillano gritaba *¡presente!* en el sur del Bronx afianzando su deseo de autodeterminación con tan sólo mover el culo en cuatro tiempos.

En aquel verano húmedo en los *proyectos*, la pasividad de una guitarra acústica haciendo sonar sus notas sobre un banco alto vociferando metáforas como síntoma de la melancolía blanca, resultaban y siguen resultando demasiado estériles para el pulsar de la melanina.

Mientras tanto, al sur de la frontera, el cúmulo de ingredientes históricos eran muy similares. Las denominadas *Reaganomics* tuvieron un efecto dominó en las economías neocoloniales dependientes económicamente de los Estados Unidos y moralmente de España, Francia o Alemania. Esto aunado a un largo proceso que envuelve años de autoritarismo, corrupción, racismo sistémico, colonialismo interno, desbalances producto del saqueo colonial, cacicazgo, y sobre todo de afectaciones en la psique de todo aquel prieto ciudadanizado en las "repúblicas del inframundo".

En este caso particular voy a enfocarme en México; la república del beneficio criollo, la economía de las remesas, la estética barroca, el narco estado, los 40 millones en extrema pobreza, las mil texturas del vaivén transmigrante y ese pueblo bello que resiste a veces ciegamente a confrontar y ser crítico ante su inclusión subjetiva al proyecto de nación como su peor enemigo.

Recientemente alguien nos envió un enlace electrónico promoviendo a un artista de rap nuevo dentro de la escena mexicana, el cual en una entrevista justificaba el origen de su mote en la admiración que este tenía por Adolfo Hitler. Más allá del tremendo absurdo que esto implica, existe una representación simbólica muy perversa que evidencia situaciones muy problemáticas que han sido no sólo naturalizadas dentro la propia comunidad artística o alternativa, sino incluso legitimadas bajo el argumento de la supuesta libertad en el ejercicio creativo implícito en el Hip-Hop.

En ese momento toda relación directa, orgánica e inseparable del Hip-Hop como una experiencia fundamentalmente antirracista y emancipatoria se diluye por completo y se resignifica al sur de la frontera como un híbrido artístico pobre, sin pies ni cabeza, el cual reivindica igualmente a Hitler que a Zapata o Woody Allen y Hannibal Lecter en el mismo verso.

Estamos siendo testigos de un espectáculo grotesco, el de las narrativas de la apatía y de un burdo goce creativo, de la competencia desenfocada, de la oralidad mediocre, de la poética inexistente y de la ideología normalizada; un *burlesque* no intencionado.

Hace un par de años tuvimos la oportunidad de dar un concierto en Madrid por primera ocasión, al cual fuimos invitados paradójicamente por la Casa América vía el Centro Cultural de España en México, que básicamente no es otra cosa que una especie de *reparation* cultural simbólica establecido en muchas de las "ex colonias" españolas en el mundo, el cual funciona como un espacio físico en el que se realizan diversas actividades culturales mayoritariamente "gratuitas", en las que la agenda claramente marca una pauta muy específica que es congruente al liberalismo: programas que promueven pluralidad, tolerancia, movimientos de "avanzada", multiculturalismo, diversidad sexual y demás galardones semánticos que adornan los ejercicios democráticos en los cuales la jerarquización y estratificación racial no dejan de pisar la línea entre "el otro exótico" en su rol performativo y el blanco culturizado en las posiciones de poder y toma de decisiones. Accedimos participar en el festival obviamente por la oportunidad clara de visitar España y por la condición estratégica de presentar un proyecto de narrativa decolonial a través del rap en la matriz de la hispanidad y sus vicisitudes.

Independientemente de todos los detalles y experiencias surgidos en este viaje, uno de los acontecimientos que más llamó mi atención fue el poder ver de cerca un fenómeno de apropiación cultural muy peculiar: hombres blancos españoles manifestando una profunda fascinación casi erótica con la cultura de las pandillas chicanas y mexicanas del sur de California, a un nivel que supera claramente la glorificación, gestándose un proceso perverso de mimetización completamente fuera de contexto.

Ahí van caminando esos ingenuos miembros de un *Sur 13* ficticio en las calles angostas del centro de Madrid, secuestrando un modelo de opresión prestado, el cual se prende y apaga a conveniencia por el beneficio histórico de su sangre de mayoral. Bicicletas *low-rider*, camisetas con el número de su pandilla californiana favorita en el pecho, así los veo paseando por lo que queda de aquella Iberia imperial lavando la culpa de la forma más radical posible; el gran conquistador personificando al conquistado, en donde el nieto directo de Cabeza de Vaca hace evidente su pintoresco intento por modificar su acento de la "s" marcada por el del *ese* chicano en Echo Park, ilustrando su cuerpo con vistosos tatuajes emulando códigos carcelarios que serían motivo de detención inmediata en cualquier barrio estadounidense...lo único que me produce es una vergüenza ajena tremenda.

A todos esos amos de la mímica pandilleril se les olvidó investigar quién era Cesar Chávez para los padres de sus ídolos en el campesinado, o qué función ética-moral y responsabilidad comunitaria tuvo la *Mexican Mafia* o *Nuestra Famili*a en sus orígenes; les hizo falta apropiarse de las lecciones de la historia de *Los Hermanos Soledad* de George Jackson, y nunca analizaron que el *This is for la raza* de Kid Frost era una afirmación política. *The Zoot*

Zoot riots no es una comedia de situación en la televisión española.

Por otro lado, como un posicionamiento meramente antagónico a los personajes caricaturescos antes mencionados, emerge otra sub-escena en oposición que no es más que el triunfo de las sociedades de consumo en forma de rima, la clase media adoctrinada por la industria cultural hegemónica a través de la televisión por cable, el purismo pretencioso y absolutamente desentendido de cualquier tipo de responsabilidad que no vaya más allá de coger el micrófono, escupir rimas bien ejecutadas, empaquetarlo de la forma más atractiva posible y establecer una campaña incesante de autopromoción indulgente en la que el objetivo primario es asumirse como "la esencia de lo esencial". La redundancia es deliberada no sólo gramaticalmente sino en todos los sentidos posibles en esta asociación.

El superego luce pequeño frente a estos titanes del *braggadocio*.

Ellos dicen hacer rap que habla de rap para "cabezas Hip-Hop", la línea preferida de "los elegidos", la cual es ingenuamente un ejercicio de autodefinición que pretende afirmarse como parte de un círculo élite de "entendidos", el cual en vez de generar una automática agenda de correlación comunitaria, expresa sin saberlo una postura meramente nihilista, conservadora y chata ideológicamente.

A pesar de la inminente falta de relevancia a largo plazo de ese tipo de proyectos artísticos, puedo identificar un posible nivel de coherencia dentro de algunos espacios sociales específicos en España dentro de sectores de clase media, anticipando así en el peor de los casos la generación de una industria prácticamente de autoconsumo a nivel regional. Claro está que sería imposible e injusto hacer una generalización categórica. Existen proyectos que son antítesis natural a estos dos espectros binarios que de algún modo acaparan los espacios con más visibilidad, específicamente en términos de su impacto fuera de España.

El punto más problemático que nos incumbe en este análisis se materializa cuando estos amos de la verborrea al cruzar el continente y aterrizar en Latinoamérica se transforman en una nueva estirpe de semidioses coloniales que son venerados por decenas de miles de personas, estableciendo nuevos códigos culturales que transgreden las barreras de las apacibles calles sevillanas para germinar y dar frutos amorfos en los barrios y zonas periféricas del lado izquierdo del mapa.

Sería digno únicamente de un criterio angosto el desasociar por completo las relaciones de permanente dependencia e influencia colonial con respecto a las preferencias y afinidad estética-cultural de los consumidores en México.

El odio perpetuo a sí mismo es producto del incesante golpeteo del racismo sistémico hacia los indios y negros por parte del criollismo benefactor de los procesos de independencia y posterior revolución, en el cual el obsesivo plan de "blanqueamiento" y "mejora racial" idealizaba permanentemente alcanzar a embarrarse de los "finos trazos" importados de París o de algún duque en España, mismos que dictaminaron todo canon y dispositivo de apreciación de la belleza, comportamiento social y raciocinio moral como pilar en la fundación de la mexicanidad y sus diversos mitos.

Bienvenidos al concierto. Un par de miles de habitantes de la periferia prieta coreando energéticos la "poética" de la melancolía y reflexión del suburbio ibérico.

Este fenómeno dentro del Hip-Hop es solamente una de las millones de consecuencias de un proceso primigenio que tiene todo que ver con las relaciones raciales en Latinoamérica, con el despotismo colonial y con el fantasma de subordinación permanente al socializar con respecto a estos nuevos caciques con visual de rapero.

Recientemente, al dar respuesta a una entrevista para una revista de Argentina, se tocó el tema de la afinidad y el antagonismo directo en base al posicionamiento meramente discursivo y allí comenté que, a pesar de los nexos automáticos aparentes entre el trabajo de algunos raperos que se asumen como militantes en España (los cuales en su mayoría defienden posicionamientos de marxismo ortodoxo o anarquismo en otros casos), yo tenía un nexo mucho más solido y automático con raperos como 50 cent, ya que a pesar de discursivamente representar muchos de los peores vicios del capitalismo, puedo establecer otro tipo de conexión basado en un proceso de solidaridad racial, histórica y cultural, con reflejo símil hasta en el lenguaje de nuestros cuerpos, siendo que a final del día, el desarrollo personal de 50 cent no es tan lejano al mío en términos específicos de la determinación y expectativa sistémica ante "ciudadanos" como nosotros. La pequeña diferencia en nuestras rutas radica en que en mi caso tuve el privilegio de acceder a ciertas fuentes no hegemónicas de información que están siendo aplicadas a un proceso de transgresión a las estructuras de poder a través del arte y el activismo, lo cual en este esquema representa batallar diariamente con la situación económica; es ahí donde radica el "infortunio" de la mayoría que optamos por esa vía.

En el caso de 50 cent, el privilegio de acceder a grandes sumas de dinero le representa un compromiso directo con las hegemonías culturales y las grandes corporaciones del entretenimiento, que a su vez le han generado el gravísimo infortunio de la molificación de su poder político a través de la cooptación y la reducción de su persona a un objeto meramente mercantil.

Pero a pesar de esta diferencia radical de intereses y de lo problemático que resultaría hipotéticamente mi relación imaginaria con 50 cent, no dejo de sobreponer los vínculos fundamentales que tenemos por la serie de razones antes mencionadas como argumento suficiente para aseverar que, en mi caso, hay muchísimos nexos más relevantes incluso a nivel de potencial político-simbólico en la figura de 50 cent que en la de esos muchachos blancos españoles ataviados de bolcheviques.

Miriam Makeba no tenía necesariamente que recitar un manifiesto de teoría política cuando su sonrisa era un axioma doloroso para toda estructura de poder.

Mientras tanto en el patio sur, en aquella tierra dos centímetros entrados en Tijuana, entre más se perfecciona el anhelado virtuosismo en la ejecución artística, más se diluye cualquier tipo de afirmación y responsabilidad política especialmente entre los nuevos gallitos del sensacional circo de las rimas y las realidades subjetivas. La hipermasculinidad producto de las doctrinas patriarcales y aquel fuetazo del mayoral como simbolismo de suceso y honorabilidad, se reproduce fielmente en la comunidad de Hip-Hop como una extensión lamentable de esa metástasis colonial. Macho-real-poder-respeto. Todo subjetivo, repito, todo subjetivo. Los cuatro elementos.

Llama mi atención la obsesión recurrente con la figura de la penetración anal hombre-hombre como sinónimo de una victoria opresiva, contundente y humillante, que traducida al lenguaje del rap a través de alegorías predecibles dentro de esos espacios competitivos tan en boga, resulta en un acto performativo vil, regresivo e incoherente con la más básica y elemental definición del rap como un acto de empoderamiento por parte de los oprimidos del mundo.

Más que una descarga crítica, la intención de este escrito es de algún modo articular y exponer esta serie de conflictos básicos de formación de modo que exista la posibilidad de replicar un proceso de discusión que ayude a establecer criterios de afirmación y legitimación mucho más coherentes, serios, transgresores y productivos en el espacio colectivo y comunitario. En el caso particular de México y de algunos otros países latinoamericanos, el constante linchamiento en contra del Hip-Hop que intenta abrirse campo en los espacios académicos, resulta infame y un auténtico acto de autoflagelación. La glorificación ingenua de esa abstracción fantástica denominada "la calle" y sus símbolos viriles como única plataforma de validación que "acredita" a los miembros de la comunidad Hip-Hop en una sociedad que en los últimos siete años ha perdido a casi cien mil personas a causa de la violencia, resulta por demás inverosímil y problemático.

Cuando hacemos mención al espacio académico, cabe recalcar que estamos haciendo referencia clara al reclamo de una experiencia de pedagogía crítica que, fortalecida por la propia naturaleza histórica del rap, redefine un espacio históricamente negado a las personas de color marginalizadas, multiplicando y compartiendo el acceso a fuentes de información que cuestionen el propio sistema monocultural de conocimiento.

La cooptación y normalización ya está consumada y tiene ejemplos contundentes. El *burlesque* ya vende al "buen salvaje" en horario *prime time* de televisión, y el mundo corporativo empieza a explorar posibilidades de capitalización con inversiones minúsculas que sirven como el espejismo perfecto creando una burbuja de suceso subjetivo en la psique del despojado. Al rap del inframundo nunca llegarán los petrodólares y el acto de subyugación se comprime a una escala coherente con las economías locales. Hay que juntar 13 pesos para comprar 1 dólar.

Entender el Hip-Hop, más que memorizar sus efemérides, representa comprender la serie de dispositivos históricos, culturales y políticos que son necesariamente implícitos y de carácter inalienable a su cuerpo, los cuales es primordial activar como una medida de emergencia, de dignificación personal y de responsabilidad colectiva.

Es un juego de adultos que no mide las edades, aquellos usan barba pero escupen caramelos mocedades,
amor decolonial en grado tres pa' que relajes, te quito ese disfraz de Napoleón en esta fiesta colonial de los disfraces.

Nos fuimos pa' la madre y no encontramos a la tierra hablamos al Atlántico y nos dijo que la diáspora se aferra,
supimos escapar de su vacuna que chupa humanidad bajo pretexto de la ayuda.
baila por la lucha, su victoria es tu tristeza, si no eres libre tú yo también preso en esta presa; no es narcisista,
si no te sientes bello y luces bien no serán ellos que te apunten en la lista.
cuestiona cuando escuches que la historia haya resuelto la conquista.

La Conquista.

Exile

Exile!

Exile!
this is my morning calisthenics exercise
to loosen the strings of the vocal dictatorships
and the others too, though I'm not sure they will
hear me every morning
paradoxical that my job is to laugh and cry in a
moveable silence.
I am Gabriel, the rebellious mime.

Exile!

Exile!
I grew up on a diet of *Tang* steady waiting for the
economic miracle,
Veronica Castro bragged "Macumba"
"City of the Blind" like an auto-erotic exercise
an excess of salt and *Salinismo*,
the dollar at $3.50
studying English as the eternal promise of progress,
living in Dallas.
I am Gabriel, the rebellious mime.

Exile!

Exile!
Orgasms transformed into tears of happiness,
like Garcia Marquez described them.
Glamorized poverty and dust; HBO Latino.
But this rabid mime, clumsy diplomat
could never get a fine arts grant,
fine like the nose of the Bourbons

fine like the hands of their lineage
fine like the earthy aroma that I will not forget until
the day I die
My name is Gabriel, the rebellious mime.

I see the bodies hanging from the bridge, embalmed
grenades launch without a cause
everyone in a chauvinistic trance
every September, every morning
Goal and gun, pyrrhic victory,
goal and gun, pyrrhic victory,
goal and gun, pyrrhic victory,
to shake myself of this post-traumatic stress...
This is the sound of exile.
My name is Gabriel, the rebellious mime.

Exile!

Exilio

¡Exilio!
¡Exilio!
Ese es mi ejercicio calisténico de la mañana
pa' aflojarle las cuerdas a las dictaduras vocales
y a las otras también, aunque no estoy seguro que
me escucharan cada mañana.
Paradójico que mi trabajo es llorar y reír en un
silencio móvil.
Soy Gabriel, el mimo contestatario.

¡Exilio!
¡Exilio!
Crecí a dieta de *sopa rammen* en espera permanente
del milagro económico,
Verónica Castro alardeaba "Macumba"
"Ciudad de Ciegos" como ejercicio autoerótico,
exceso de sal y Salinismo,
el dólar a $3.50,
estudiar inglés como la promesa eterna del
progreso,
vivir en Dallas.
Soy Gabriel, el mimo contestatario.

¡Exilio!
¡Exilio!
Orgasmos convertidos en llantos por la euforia,
así lo describía García Márquez.
Polvo y pobreza *glamourizada*; HBO Latino.
Pero este mimo rastrero, rabioso, diplomático bruto,
nunca pudo conseguir una beca en artes finas

finas como la nariz de los Borbones
finas como las manos de la alcurnia
finas como el aroma a tierra que me acostumbró a
no morir perdiendo.
Mi nombre es Gabriel, el mimo contestatario.

Miro a los cuerpos colgando de puentes,
embalsamados,
lanza granadas sin causa
todos en un trance chauvinista
cada Septiembre, cada mañana.
Gol y fusil, victoria pírrica
Gol y fusil, victoria pírrica
Gol y fusil, victoria pírrica
a sacudirme el síndrome de estrés post-traumático...
Así suena el exilio.
Mi nombre es Gabriel, el mimo contestatario.

¡Exilio!

Epistemology of the doobie

In the swing of the *bodega*, the Yemeni cat hollers:
Primo! with a Dominican accent
Aden is purely reminiscing when he dances to the
sound of the *Tigueres*
from Capotillo in this concentration camp
epistemology of the doobie, 7am, cold as fuck!

There are unjustified syncretisms here
the road to Mictlan is sponsored by the Rockefeller
Foundation
No joke!
no more no less dark with or without Jordans.

There's a forbidden New York, mythical, flamboyant,
erotic and perverse...
Extremely horrific for everything that doesn't come
with a lifetime membership.
They say there are lords and ladies in Central Park,
"Fireflies"; the white folks affectionately call their
kids.
Not all of us can see the park at night,
we depend on the mood of some psychopath who
calls us over on a whim,
let's go to the precinct.

Stop and Frisk
Stop and Frisk
the mantra of an animalization that is non-literary,
and that's on a lucky day,

it's not that it suddenly occurs in the suburbanite's
pathological depression
to pick up an assault rifle and load a round of bullets
killing *prietos* in the
name of boredom,
clearly: "victim of his circumstances, coming from a
dysfunctional family, took his life
after an attempt.."
Bastards!

In the swing of a libidinous summer hunt, the *macho*
hollers: I wanna eat you up mama! Heartbreaker!
All-terrain penetration, transcending gender,
legitimization of masculinity under a corner
streetlight with a Colt
45 in hand,
lights off , hyper-masculinity pleases itself with a
finger in the ass,
that is what Yubelkis *la crackera* told me,
she wanted to suck on the superman but what he
really likes is to be filled up, filled up good.

In the swing of geographic displacement one walks
with a slow, absent minded step,
with the knowledge that they own the night
with impeccable shoes,
without looking a stranger in the eye for more than
two seconds.
The *project*, the corner, the block, warzones set up
like
cribs.
The industry of cotton money is quite delighted,

that these warriors from the Bronx have never
traveled to Brooklyn.
Epistemology of the doobie.

Epistemología del *doobie*

En el swing de la *bodega* el Yemeni grita ¡*primo!* con
acento dominicano.
Adén es reminiscencia pura cuando baila al son de
los *Tigueres* de Capotillo en este campo de
concentración;
epistemología del *doobie*, 7 am, cold as fuck!
Aquí hay sincretismos injustificables.
El camino a Mictlan está auspiciado por la
Rockefeller Foundation
así que no me joda,
ni más ni menos prieto con o sin *Jordan's*.

Hay un Nueva York prohibido, mítico, flamboyante,
erótico y perverso...
Exageradamente terrorífico para todo aquel que no
cuente con una membresía vitalicia.
Dicen que hay príncipes y doncellas en Central Park,
Luciérnagas, así es como los blancos llaman a sus
hijos de cariño.
No todos podemos ver el parque de noche,
dependemos del humor de algún psicópata que
tenga el antojo de señalarnos,
vamos directo al precinto.

Stop and Frisk
Stop and Frisk
el mantra de una animalización no literaria,
y eso en un día de suerte,
no sea que a la depresión patológica del suburbio se
le ocurra coger un rifle de asalto y armar un

carnaval de balas matando prietos en el nombre del
aburrimiento,
claro: "victima de sus circunstancias viniendo de una
familia disfuncional, se quitó la vida después del
atentado".
¡Hijos de puta!

En el swing de la cacería libidinosa veraniega el
macho grita: ¡Quiero comerte toda, mama!
¡Abusadora!
Penetración todo terreno, trascendiendo género,
legitimación de la masculinidad bajo el farol de la
esquina con una *Colt 45* en la mano,
mientras en lo oscuro, el más caballo goza con el
dedito en el culo,
porque eso me lo dijo Yubelkis, la crackera,
ella se lo quería mamar al superhombre, pero a ese
lo que le gusta es que lo calcen, bien calzado.

En el swing del desplazamiento geográfico se
camina a paso largo y volado,
como sabiéndose dueños de la atmósfera
con los zapatos impecables,
sin mirar a los ojos por más de dos segundos al
desconocido.
El *proyecto*, la esquina, la cuadra, son zonas de
guerra decoradas como burbujas de confort.
El dinero algodonero está de placemes,
porque estos guerreros del Bronx jamás han viajado
a Brooklyn.

Epistemología del *doobie*.

Underworld

Thirty centimeters
from the "american" size 12 .
Fundamental condition of my interaction with
Juanito Kemp,
Survivors of the *priista* crisis and the legitimate
dictatorships.

We grew up trading out our tennis shoes,
one on Tuesday, another on Thursday
operation *pre-swagg* such that our collective effort
helped us figure out
those puzzles with a stylish precarity.

It wasn't like we didn't have shoes that met the basic
need of covering our feet when we walked,
it was more about not being able to afford more
than one pair of shoes as tools to shine and face this
colonial diasporic model and it's consumerist
attacks.

In some remote corner of our conscious we secretly
whispered the conviction that we were going to the
NBA by the time we were 19. (As free agents).

Juanito Kemp was always a better basketball player
than me, but genetics didn't deal him a favorable
hand because he never reached that six foot height,
also his muscle mass on a diet of *tang and ruffles,*
ruffles and tang wasn't the most appropriate for an
aspiring athlete.

A dream of professionalism marked in kilos, inches, and proteins.

Juanito was a virtuoso in pick-up games, more than once I remember seeing him dunk the ball with spectacular form, winning the respect of the spontaneous reporters that abound in the sports complexes of the underworld.

Saturdays on the courts of Benito Juarez, Thursdays in the velodrome, Sunday mornings underneath the bridge in Iztacalco.

We smeared our hands with grease made for cars so we could balance the ball on one finger, like an analogy of an empowerment exercise.

Juanito Kemp however took a fleeting and winding trip through the university
curcuit...
He never did learn how to play effectively with referees, which quickly diminished the glow that had characterized him on the streets.

More than one of those lumpen reporters agreed that Juanito Kemp was the only player with capacity to shut down *Hormiga's* style, another mythical street basketball character who had some peculiarities in his athletic movements that made him eccentric; *Hormiga* famously took three-point hook shots, hitting them most of them with mathematic precision.

It must be pointed out that this technical resource was commonly applied inside the perimeter near the basket as a way to evade the opposition's defense, who had greater stature, such that evading was a block.

Hormiga wasn't interested in form, only substance. Shots from the three-point zone and without man to man marking, no doubt he was a virtuoso who redefined the game in that micro-space of the underworld.

Hormiga was suffering from a condition called microcephaly and some type of moderate mental retardation, so the one "creative mind" in the heat of the block was immortalized with this nickname.

To this day I know the secret that Juanito Kemp had to subdue *Hormiga's* infallible hook shot. Contrary to speculation, Juanito Kemp's strategy did not come from some "video americano" on basketball tactics nor did it come from some trainer's theoretic inheritance.

Juanito Kemp acted out psychological terror against *Hormiga* and took advantage of the most ruthless colonial strategies.

Juanito Kemp was talking in *Hormiga* ear saying: Shoot already you fucking Mongolic! Take a shot *pinche mongol!"*
With the power of that mantra, *Hormiga* never again hit a three-pointer in front of Juanito Kemp.

Colonial vices won 7 to 0.

Later I found out that *Hormiga* works at a factory and eventually visits the public courts of the same sports complex.
I don't know if the hook shot is still effective.

Juanito is no longer Kemp.
No one knows who Kemp is.
No one knows who Juanito is.

Underworld.

Inframundo

Del 12 "americano",
treinta centímetros.
Condición fundamental en mi interacción con Junito
Kemp,
sobrevivientes de las crisis *priistas* y las dictaduras
legítimas.

Así crecimos, prestándonos los tenis,
uno el martes, otro el jueves.
Operación *pre-swagg* en la que el esfuerzo colectivo
lograba completar este rompecabezas de una
precariedad estilosa.

No era que no tuviéramos zapatos para cubrir la
necesidad básica de cubrir los pies al caminar;
aquello se trataba de la imposibilidad de costear
más de un par de tenis con los que pudiéramos
hacernos acreedores de un brillito subjetivo y
enfrentar mejor armados este modelo diaspórico
colonial y sus arremetidas consumistas.

En algún remoto rincón de nuestra consciencia
murmurábamos en secreto la convicción de llegar a
la NBA al cumplir los 19 (como agentes libres).

Juanito Kemp siempre fue un mejor basquetbolista
que yo, pero la genética no le jugó una carta
favorable, ya que nunca logró superar los seis pies
de altura, además de que la masa muscular a dieta
de *tang y ruffles*, *ruffles y tang* no fue la más

indicada para un atleta aspirante. El sueño de la profesionalización quedaba corto en kilos, pulgadas y proteínas.

Juanito era un virtuoso en el juego informal.
Recuerdo que más de una vez lo vi clavar el balón de forma espectacular ganando el respeto de los cronistas espontáneos que abundaban en los complejos deportivos del inframundo.

Los sábados en las canchas de la Benito Juárez, los jueves en el velódromo, los domingos por la mañana debajo del puente en Iztacalco.

Untábamos brea de uso automotriz en las manos para poder agarrar el balón con una sola, como una analogía a un ejercicio de empoderamiento.

Juanito Kemp sin embargo tuvo un fugaz y errante camino por el circuito universitario.
Nunca aprendió a jugar eficazmente con árbitros, apagándose rápidamente el brillo que en la calle lo caracterizaba.

Más de uno de aquellos cronistas lumpenizados estarían de acuerdo en que Juanito Kemp fue el único jugador capaz de controlar el estilo de *Hormiga*, otro mítico personaje del basquetbol callejero el cual tenía varias particularidades en sus movimientos atléticos que rayaban en lo excéntrico; *Hormiga* tiraba únicamente ganchos de tres puntos, acertando con precisión matemática en la mayoría de los intentos.

Cabe señalar que ese recurso técnico se aplica comúnmente dentro del perímetro cercano a la canasta, como medida de evasión a los defensores contrarios que tienen mayor estatura, evitando así un bloqueo. A "Hormiga" no le interesaba la forma, sólo el fondo. Ganchos desde la zona de tres puntos y sin marcaje personal, sin duda un virtuoso que redefinió el juego en aquel microespacio del inframundo.

"Hormiga" padecía de una condición llamada microcefalia y algún tipo de retraso mental moderado, de ahí que alguna "mente creativa" al calor de la calle lo inmortalizara con ese apodo.

Hasta el día de hoy mantengo el secreto que tenía Juanito Kemp para someter el gancho infalible de "Hormiga".

Contrario a las especulaciones, la estrategia de Juanito Kemp no provenía de algún "video americano" de táctica basquetbolística, o de la herencia teórica de algún entrenador; Juanito Kemp practicaba el terror psicológico contra "Hormiga" y se valía de las más ingratas estrategias coloniales.

Juanito Kemp le hablaba al oído a "Hormiga" diciendo: ¡Tira ya pinche mongol! ¡Tira pinche mongol!

"Hormiga" jamás lanzó un gancho de tres puntos frente a Juanito Kemp por el poder de aquel mantra.

Ganaron los vicios coloniales 7 a 0.

Años después me enteré que "Hormiga" es obrero y eventualmente visita las canchas públicas del mismo complejo deportivo.
Desconozco si el gancho sigue siendo efectivo.

Juanito ya no es Kemp.
Nadie sabe quién es Kemp.
Nadie sabe quién es Juanito.

Inframundo.

Where?

Where am I?
I think aloud:
A Side

Directly from a peculiar smell
to a transplanted shoal *en la placita Olvera*
under the perfect blue of Villaraigosa's silent
violence
the most precise caricature
emerges from Anahuac's last paint brush.

It remains categorically prohibited to interrupt
the trance of this transnational subject,
trans-migrant, trans-spiritual, ex-transient

He has wings,
he is a giant with wings who will take off in 2012,
for that which
he meets in a nascent dream state
awaiting further instructions.

Some day,
he will tear through the horizon followed by his
stele made of *copal*
un-drawing Adam Smith's white curls
without expending blood, sweat or strategy,
using only the grace of syncretism.

Some day we will all be free,
but today, "nobody move!"

That transnational, trans-migrant,
trans-spiritual, ex-transient subject
he meets in trance.
In perpetual trance.
Nobody move.

Where am I?
I think aloud:
B Side

Santa Maria la Riviera is having New Jack City
dreams.
He is a mime on an icy New York night
in the winter of '92,
masturbating to the name of the poor little thing in a
Tyler Perry
joint,
an anachronistic swagger choreographed from
second hand
metaphysical passion
ebonics for the captive super ego

Give this pig a Quran,
let's see if he gets that Fallujah isn't a joke.
Collective Amnesia.

The triumph of the real
is enjoying capital while dancing to the super savage
and your clear ethnicity:
cash rules everything around you
no cream, you get no money!
dollar dollar bill yo!

Where am I?
I think aloud:
C Side

Coitus interrupted just to avoid conflict with your
half-nordic pride
so that the lineage won't be desecrated,
wait a minute, those thighs do not go in a fjord.
You taste like coconut,
therefore the sweat of my upheaval
will not produce a cutaneous eruption,
Call your doctor in Guyana without France!

I saw your mom in pictures,
celebrating the democratization of contraceptives
while rockin' an afro,
wrapped up in a libertarian dream.
I already know
her cause was surely taken up by
Oprah's smooth ideas and smile.

Today she regrets breaking up with your father,
that failed militant,
your father was a lord who exuded his lineage.

Look at you,
enjoying the non-aligned companion and his seeds,
wipe your belly,
'cause social justice and distribution of wealth can
make you pregnant

Let us move forward,
There's cat fish and sweet potatoes for dinner.

Where am I?
I think aloud:
D Side

A daughter of China throws herself into the bible,
reviews it, memorizes.
The mathematic discipline of whiteness.
She tries to escape from millions of her cousins
who reek of fish.
The ones who have gold fever,
 squatted and gossiping in chow funs around the
world.

Sweating is forbidden in this dynamic.
Modesty and productivity
absolute discretion,
privatized privacy- a charming duality.

Shanghai express via *Centro Habana.*
Silence!
Silicon Valley employee
a suitable minority.

She doesn't look into the factory,
She doesn't look into history
so the coolie is born again in all of its salaried
slavery.

Where am I?
I think aloud:
E Side

Quilombo is a dignified space for the fugitive,
not to be mistaken
for playing power linguistics with a white hood on
in a Buenos Aires style café.

Quilombo non-aligned academia
producing texts that disrupt order.

Quilombo is a violent copulation,
that impregnates ideological indulgences with
saliva.

Quilombo is the perpetual defamation
of diaphanous uniformity.

Where am I?

¿Dónde?

¿Dónde estoy?
Pienso en voz alta:
Lado A

Directamente del cándido olor
a bajío trasplantado a la plaza Olvera,
bajo el azul perfecto
de la violencia silente de Villarraigosa
emerge la caricatura más precisa
del último pincel de Anáhuac.

Queda terminantemente prohibido interrumpir
el trance de este sujeto transnacional,
transmigrante, transespiritual, ex-transeúnte

Él tiene alas,
es un gigante enano que despegará en el 2012,
por lo cual
se encuentra aletargado en proceso embrionario
hasta nuevo aviso.

Aquél día
él surcará el horizonte seguido por su esquela de
copal
desdibujando los rizos blancos de Adam Smith
sin sangre, sudor o estrategia,
sólo la gracia del sincretismo.

Aquél día seremos libres todos,
pero hoy, ¡que nadie se mueva!

Que aquel sujeto transnacional, transmigrante,
transespiritual, ex-transeúnte
se encuentra en trance.
En trance permanente.
Que nadie se mueva.

¿Dónde estoy?
Pienso en voz alta:
Lado B

Santa María La Rivera sueña con *New Jack City*.
Él es pantomima de una gélida noche neoyorkina
en enero del '92,
onanismo a nombre de la pobreza de un cuento de
Tyler Perry,
un *swagger* anacrónico coreográfico de pasión
metafísica,
compra-venta de *ebonics* pa'l superego cautivo.

Denle un Corán a este cerdo,
a ver si capta que Faluya no es en broma.
Amnesia colectiva.

El triunfo de lo real
es el goce del capital al ver danzar al supersalvaje
y su etnicidad evidenciada.
Cash rules everything around you
no cream, you get no money!
dollar dollar bill yo!

¿Dónde estoy?
Pienso en voz alta:
Lado C

Coito interrumpido para no profanar al linaje
y al orgullo semi-nórdico,
pero un momento, esos muslos no se dan en un
fiordo.
Usted sabe a coco así que
el sudor de mi desarraigo
no le producirá erupción cutánea alguna.
¡Consulte a su médico en la Guyana sin Francia!

Yo vi a tu madre en fotos,
festejaba por la píldora ataviada en un afro,
envuelta por un sueño libertario.
Pero ya conozco el cuento,
seguro fue secuestrada por un alisador de ideas
y la sonrisa de Oprah.

Hoy se arrepiente de haber botado a tu padre
por aquél militante del fracaso,
tu padre era un *lord* que emanaba alcurnia.

Y ahora tú, gozando con el anormal que suscribe,
limpia bien el vientre,
que es permeable la justicia social
y la distribución de bienes.

Seguimos,
Hay *cat fish* y *sweet potato* pa' la cena.

¿Dónde estoy?
Pienso en voz alta:
Lado D

Una hija de China se envuelve en la biblia,

repasa, memoriza.
Disciplina matemática del blanqueamiento.
Pretende escapar de sus millones de primos
con apeste a pescado,
los de la fiebre del oro,
charlando en cuclillas en cada *chow fun* del mundo.

Prohibido sudar en esta dinámica.
Pudor, sombra y productividad;
discreción absoluta,
privacía privatizadora, dualidad encantadora.

Expresso a Shangai vía centro Habana.
¡Silencio!
Corporativo en San Francisco,
minoría adecuada.

Ella no mete mano en la maquila,
ella no mete mano en la historia,
y el *coolie* renace brillando con su esclavitud
asalariada.

¿Dónde estoy?
Pienso en voz alta:
Lado E

Quilombo es un espacio de dignidad para el fugado,
no confundir
con la lingüística del poder en algún café bonaerense
con capucha blanca encima.

Quilombo es academia del no alineado,
externalizando el texto inconveniente al orden.

Quilombo es cópula necesariamente violenta
que preña con saliva al goce ideológico.

Quilombo es constante vulgarización
de la uniformidad diáfana.

¿Dónde estoy?

Alphabet Soup

Who dares to be the first to recite the magic words?
an undeniable thought of how, when and where to
start
with uncertainty on your
back
Who deconstructs the *criollo* in the ignominious
republic
where being a citizen is not the same as being
civilized

Cue the parenthesis:
Isabel la Católica is not dead!
she lives in every white savior manifesto
killing us softly, painless extraction.
Anesthesia!

Buying and reading cheap pamphlets was my
homework in primary school
to inspire a love of country
Buying and reading that piece of aligned
monoculture
is a nullification of empowerment and presaged
death.
Self -defense is a primary concern.

What is more horrifying than the manufacturing of
Los Niños Heroes?
We are swimming through hundreds of millions of
dead bodies

that were rolled up in the honorary flag during Don
Felipe's six year
reign.
Mostly if colored people rise up!
Maximum if it's the Manichean story!
Maximilian in Habsburg maxing!

Here,
Skipping around like it's a new escape from
mini skirt media terrorism;

Hide any possibility of a connection between
Tabasco and
Cochabamba
I repeat! Hide any possibility of a connection
between Tabasco and
Cochabamba.
Grupo Carso states:
The score at Mexico's zocalo plaza:
Plutocracy one, rest of the world zero and nothing
else.

It is 2045 and the caricature is still intact:
the product of a mulatto and an Indian is called *lobo*
coyote mixed with Indian is called *chamizo*
a Spaniard and an African make a *zambaigo*.
Jibaro, China, Tresalvo, Cambujo, Saltapatras ("jump
back").

Jump on back and..
the promised land Aztlan becomes blurry
Jaime Nuno's notes never got me
humor is an acute symptom of the rules of conduct

To go along with a smile would make me an
accomplice in my own abuse.
Gluttony that borders on violence and the sublime
arrival of a whisper
in shrouds;
well documented decrease in apathy and general
sentiment.
Tactile evaluation.
Perhaps it is a diagnosis base on a prior placebo?
Press photos and statistics do not highlight success,
this is the mobilization of dignified shame.
We cling to historical moments
and force a controlled explosion...
Let's reclaim and arm ourselves with this great
wordsearch full of transgressive skills
Gaining momentum!
Gaining momentum!

We are gaining momentum until we are laughing
our asses off at the harmony
of hierarchy,
its white melancholy,
its regressive *criolla* adventure,
its Aryan euphoria,
its lackluster *mestiza*,
with this libertarian puppet in a wordsearch with
swagger,
I want to make money rain so I can impregnate the
earth
and print new passports.

This cacophonic dream is expired.
Who dares to be the first to recite the magic words?

Sopa de Letras

¿Quién será el primero en atreverse a recitar las palabras mágicas?
La formulación irrefrenable del cómo, cuándo y dónde proceder con el incierto a cuestas.
¿Quién deconstruye al criollo en esta república ignominiosa?
Ser ciudadano es diferente a ser ciudadanizado

Abro paréntesis:
¡Isabel la Católica no ha muerto!
Vive en cada manifiesto del *white savior*,
matándonos suave, extracción sin dolor.
¡Anestesia!

Comprar y leer una monografía hechiza era mi tarea como cultivación del amor patrio en la escuela primaria.
Comprar y leer su monocultura alineada como nulificación del empoderamiento es una muerte anunciada.
Autodefensa es una necesidad primaria.

¿Qué más terrorífico que la fabricación de los Niños Héroes?
Hoy navegando entre cien mil muertos enrollados con la bandera honrosa durante los seis años de reinado de Don Felipe.
¡Máxime si es que los prietos se sublevan!
¡Máximo si es que la cuenta maniquean!
¡Maximiliano en Habsburgo regodea!

Y aquí,
brincando como un nuevo ejercicio para salvarnos
del terrorismo mediático corta piernas.
Frustrar toda posibilidad de conexión entre Tabasco
y Cochabamba.
Repito: ¡Frustrar toda posibilidad de conexión entre
Tabasco y Cochabamba!
Grupo CARSO informa:
el marcador en el zócalo de la Ciudad de México:
plutocracia uno el resto nada y no es ninguno.
Repito:
¡Plutocracia uno el resto nada y no es ninguno!

Este es el 2045 y la caricatura sigue intacta.
De mulato con india igual a lobo.
De coyote con indio chamizo.
De español y africano zambaigo.
Jíbaro, China, Tresalvo, Cambujo, Saltapatras.

Salto pa' atrás y...
se desdibuja el Aztlán prometido;
las notas de Jaime Nuno a mí jamás me han podido;
el humor es síntoma perspicaz de una conducta
determinada.
Aportar con la risa sería ser cómplice de mi propio
abuso.

Hartazgo al borde de la violencia y la llegada
sublime de un rumor que cobija.
Disminución notoria de la apatía, sentimiento
generalizado.

Apreciación táctil.
¿Es acaso un diagnóstico creado en base a un
placebo previo?
El suceso no salió en las fotos y estadísticas de la
prensa.
Esta es la movilización de la vergüenza digna.
Abracemos el momento histórico
y forcemos un acto de implosión controlado...
Recojámonos en pedazos y armemos de nuevo esta
gran sopa de letras con maña transgresiva.
¡Cogiendo impulso!
¡Cogiendo impulso!

Aquí cogiendo impulso hasta descojonarles la
armonía jerárquica,
su melancolía blanca,
su andanza criolla regresiva,
su euforia aria,
su tibieza gris mestiza
con esta marioneta libertaria en una sopa de letras
con *swagger*,
quiero hacer llover dinero pa' preñar tierra e
imprimir pasaportes nuevos.

Caducidad para este sueño cacofónico.
¿Quién será el primero en atreverse a recitar las
palabras mágicas?

Cotton

A friend mentioned that we should go to school to
graduate as capitalists,
symbolic capital and speculation lesson
101, 102.

Even making a mental note requires funding.

In our case, dignity implies a shower, an iron, and an
impeccable
pair of shoes.

Egyptian cotton is a useless vanity.
I am Egypt made of cotton.

End note.

They said.

Algodón

Algún amigo mencionó que teníamos que
graduarnos de capitalistas,
lección de capital simbólico y especulación
101, 102

Se requiere financiamiento hasta para las notas
mentales

Dignificación en nuestro caso implica una regadera,
una plancha y zapatos impecables

El algodón egipcio es vanidad fútil
Yo soy Egipto algodonero

Nota al calce

Decían.

Swag

Common consumers, consuming the surplus *vulgo*,
the comfortable cadence.
Crippling imagination with the portrait of
mannequins,
mass production, serious commodification.
This is SWAG.

SWAG is *wallabee* shoes, diaspora 2015.
SWAG is James Baldwin, Black Europe
SWAG is 35 degrees celcius, Assata in Cuba
SWAG is december of '87, Intifada
SWAG is carpal tunnel syndrome with a smile in the
factory, Cuidad, Juarez
SWAG is *Rocinha*, theater of the oppressed
SWAG is fedoras way before Pee-wee Herman
colonized Williamsburg
SWAG is watermelon, Melvin van Peebles
SWAG is Oscar Lopez Rivera, Humbold Park, Chicago
SWAG is Yoruba without cultural vampires
SWAG is Alcatraz, Leonard Peltier
SWAG is Lisa Lisa and Cult Jam, 1984, Lower East
Side
SWAG is Kalakuta, decolonial sex
SWAG is Boogaloo, hood
SWAG is the guardians' gunshot, barrio labor
SWAG is a leather jacket redefined, Huey Newton
SWAG is intellectual stimulation, sixty-nine with the
lights on
SWAG is brown rice, brown sugar, brown people

SWAG is Black beans, Black mushrooms, Black people
SWAG is simultaneous orgasm, 6:25 pm, Gil-Scott Heron
SWAG is toe rings, transmigrant Islamabad
SWAG is an Andean *chullo* in the UN, Evo's smile
SWAG is Teofilo Stevenson hook, good morning little Habana
SWAG is your applebaum, Bonita
SWAG is Wattstax, Richard Pryor
SWAG is the aesthetics of hunger, Glauber Rocha
SWAG is 75 years, Danzon
SWAG is Juice Bar, 11 am, lots of ginger
SWAG is day laborer, *safos*, solid under the weight of recollection
SWAG is bake and shark, Antilles
SWAG is not snow white or Elvis Presley with sideburns
SWAG looks fly without a peso
SWAG is this mouth, paso doble, this city, this process.
SWAG.

Swag

Vulgares consumidores consumiendo el vulgo
sobrante,
la cadencia confortable.
Coartando la imaginación al retrato de los
maniquíes;
producción en serie, comodificación en serio.
This is SWAG.

SWAG es zapatos *wallabee,* diáspora 2015.
SWAG es James Baldwin, Black Europe.
SWAG es 35 grados centígrados, Assata en Cuba.
SWAG es diciembre del '87, Intifada.
SWAG es síndrome del túnel carpiano con una
sonrisa en la maquila, Ciudad Juárez.
SWAG es *Rocinha,* teatro del oprimido.
SWAG is fedora hats way before Pee-wee Herman,
Colonized Williamsburg.
SWAG es sandía, Melvin Van Peebles.
SWAG es Oscar Lopez Rivera, Humbold Park,
Chicago.
SWAG es Yoruba sin los culturalistas vampiros.
SWAG es Alcatraz, Leonard Peltier.
SWAG es Lisa Lisa and Cult Jam, 1984, Lower East
Side.
SWAG es Kalakuta, sexo decolonial.
SWAG es Boogaloo, arrabalero.
SWAG es un tiro de valedores, barrio obrero.
SWAG es casaca de piel redefinida, Huey Newton.
SWAG es estimulación intelectual, luz encendida en
sesenta y nueve.

SWAG is brown rice, brown sugar, brown people.
SWAG is black beans, black mushrooms, black people.
SWAG es orgasmo simultáneo, 6:25 pm, Gil-Scott Heron.
SWAG is toe rings, Islamabad transmigrante.
SWAG es un chullo andino en la ONU, sonrisa de Evo.
SWAG es un gancho de Teofilo Stevenson, good morning pequeña Habana.
SWAG is your applebum, Bonita.
SWAG is Wattstax, Richard Pryor.
SWAG es la estética del hambre, Glauber Rocha.
SWAG es 75 años, Danzón.
SWAG es Juice Bar, 11 am, mucho jengibre.
SWAG es jornalero, *safos*, firme a pesar de la pizca encima.
SWAG is bake and shark, Antillas.
SWAG no es Blancanieves ni Elvis Presley con patillas.
SWAG looks fly without a peso.
SWAG es esta boca, paso doble, este pueblo, este proceso.
SWAG.

Delicatessen

I learned from Malcolm that the pig is disgusting
there is an inherent historical implication in every
bite, the green revolution
never wanted to protect me
the liberal hymn is desecrated every time we kiss
our teeth and run our
mouth,
every time we eat with our hands and suck on our
fingers
eroticism is deranged in the curiosity of the racist.

They want a little bit of controlled violence only
when it's dark
like a house slave secretly breaking in, eating the
madrona's pussy,
in this way, the migration of gods is reduced to
simple corner store consumerism
rent a rasta, pinguero, sanki panki
this is how we start an informal economy,
increasing the price of semen,
a brother's white gold,
certified by the treasury bank: Chelsea Clinton.

Among physical and psychological sex, *gender free*
games, and raw food aficionados;
Barbarian chic.
We navigate in these waters like vile counter-
hegemonic pirates fighting to
contain an irreversible cycle of mutation.

The pig accepts its position as a pig and celebrates it.
This is a pleasurable exercise that
generates a process of affirmation of porcine pride,
such that the pig
self-destructs in its own consciousness and turns its
miserable condition
into an orgiastic carnival of shit.

I learned from Malcom that the pig is disgusting.

Delicatessen

Aprendi por Malcolm que el cerdo es asqueroso
hay una inherente manifestación historica en cada
cucharada y la revolucion verde nunca quizo
cobijarme
el himno liberal es profanado cada que besamos
nuestros dientes y tronamos la boca,
cada que comemos con las manos y nos chupamos
los dedos
el erotismo es perverso en la curiosidad racista.

Ellas quieren un poquito de violencia controlada
cuando esta obscuro
como el esclavo de casa irrumpiendo en secreto,
comiendole el mito a la madrona,
asi suena el peregrinar de aquellos dioses reducidos
a simpaticos consumidores de tienda de raya,
rent a rasta, pinguero, sanki punki,
asi activamos la economia informal,
incrementando el precio del semen,
el oro blanco del prieto,
certificado por el banco del tesoro: Chelsea Clinton.

Entre sexo fisico, psicologico, juguetes *gender free* y
amantes de la comida cruda; Barbarismo chic.
En esas aguas navegamos como viles piratitas
contra-hegemonicos luchando por detener un
proceso de mutacion irreversible.

El cerdo asume su condicion de cerdo y la glorifica,
le facilita un ejercicio de goce,

se genera un proceso afirmativo de orgullo porcino en el cual el cerdo se autodestruye a consciencia y hace de su condicion miserable un carnaval orgiastico de mierda.

Aprendi por Malcolm que el cerdo es asqueroso.

Collective Amnesia;
Notes on Race Relations, Walter Rodney,
internal colonialism and other rhymes.

A wide gap exists between the phenomenon of
cultural appropriation and historical reclamation.
How do you justify when you are 12 and at that age
you have been programmed by an information
structure and culture that has determined all
features of your identity?

The phenomenon of migration, the informal
market, and the constant flow between the
idealization of the First World in the northern
corner and the underworld in the backyard, made it
possible for me one day, while walking with my
grandmother in a street market in Mexico, to
stumble across a cassette tape with Ice Cube's face
on it that said "Amerikkkas Most Wanted". My

understanding of English, at that time, was quite limited, but I managed to understand the imagery and vaguely grasp the sentiment of what I read on the cover, which peaked my interest.

The models of success, beauty, progress, popularity and respect in Mexico are always linked to White/ European images and the most visible leaders in the media, political, religious, and cultural realm have never hesitated in referring to Spain as the motherland of all Mexicans, or at least the Mexicans that they protect and defend. We grew up with King Juan Carlos the First and Queen Sophia of Spain as the exemplary model of good taste for families.

The popular culture role models that are heard on the radio or take up space on television always praise elements that are clearly Anglo-Saxon in their phenotype as virtues of beauty. All that which boasts of the honorability of a family makes a necessary reference to Spanish, French, or Portuguese ancestors, depending on the region of Mexico in which they are encountered.

We do not have worthy role models. The majority of people who look even slightly like me always appear in denigrating roles and positions in the media. One of the most popular television personalities of the seventies and eighties was "La India Maria," or "Indian Mary," an indigenous woman that arrives to the city from the countryside without full command of the Spanish language and suffers all types of hazing and mistreatment, that when displayed on screen is intended to invoke humor.

"Submissiveness", "naivety", and "good heart," a few adjectives the first conquistadors used to narrate their initial experiences upon interacting with the indigenous peoples of New Spain, continue to serve as characteristics that qualify as virtues in the framework of the "civilized oppressor and good savage." The continued repetition of this identifying index ends up naturalizing and confirming the process almost as though it were an automatic part of the Mexican psyche.

A similar case is that of "El negro Tomas," or "Black Thomas," a television personality who was an 11 year old black boy from the coast of Veracruz, Mexico, played by an adult male who wore a stereotypical Sambo mask. He is constantly reprimanding his mother in a hypersexualized double entendre and play on words, and has an apparent lack of interest or capacity for memory in the school activities his mother suggests, which takes us again back to the registry of the colonial narrative that never ceased highlighting negative traits, such as laziness, apathy, and libidinous behavior as a part of a continuum of vices in the personality of Black men on the American continent.

It is important to note that the mother's character is played by a man portrayed as a black woman in stereotypical nanny costume, demonstrating an incessant fervor for spiritual practices, which was addressed through rough, superficial, and disrespectful representation.

It is not too much to mention that the linguistic form in which these characters are expressed is already charged with a series of values that historically affirm centuries of manipulation, exclusion, and erasure. I am a firm believer that humor is an acute symptom of a specific and well-outlined agenda. So, in this case, to give credit to this type of despicable spectacle would only make me complicit with my own abuse.

It is in this way, seeing Ice Cube on the cover of the cassette, in a pose which in one way or another suggested a type of empowerment and strength, I was allowed to establish direct contact with the manifestation and exercise of historical reclamation, although the hegemonies and geopolitics of that time would argue the contrary.

To have deciphered, in totality, the lyrics of the album would have been nearly impossible for me, but it was more than clear that that the Black man, in whichever country he lived, did not represent a sector of the population which had been privileged by of benefited from history. I knew very well that his words, merely by their intention and the force in which they resonated, were aimed at sharing a different version of history, one much closer to my reality, even though thousands of miles separated us.

Historically, in Mexico, racial stratification has been concealed within a false discourse of harmonious miscegenation, with the aim of destroying any possibility of questioning race within the fabric of an apparently homogenous society. As a young boy, when looking at my father and reflecting on his reflection in me, I always knew that we were somehow different, physically and culturally. The ancestral memory manifested. The physiognomic remnants of thousands of African slaves, brought to Mexico to work the sugar cane fields and mines, renounced the possibility of forcing their dispersal throughout the collective amnesia of this neo-colonial fabric.

Let's travel back to the 17th century, at some point around 1645 the African population in New Spain (Mexico as we know it today) represented the second largest assemblage of Africans in the America's, right behind Brazil. At many points during this century the Black population in Mexico was greater than the White and *Criollo* Spaniards.

We could develop an extremely extensive summary of the many peculiarities of this diasporic process, spanning from the smallest linguistic detail, in which African contributions permeate our daily lexicon, to a full review of every cultural manifestation that occurs through elements that stem from Africa; food, oral tradition, religious practices, an endless number of elements that are fascinating to discover and analyze, owing especially to the fact that these elements have been strategically erased and minimized by official history.

It is at this point when I must return to one of the lessons that I have learned in getting to know the work of Walter Rodney. Rodney did not limit the focus of his work to simply the understanding and decipherment of the processes in which we were transplanted from one continent to another, with all the theoretical complexities that implies. Rather, Rodney gives me the impression that he always understood that, once having the privilege to learn and master information, one had to mobilize it and establish a series of projects that would allow us to transform our life conditions, once we clearly understood the origin of our current condition and the prospects of our future.

Currently liberalism in a country like Mexico has begun to capitalize on its own historical abuses in a very punctuated manner. What better propagandistic strategy to enrich an ostensibly inclusive state than making a case for ethnic and cultural diversity that exclusively focuses on the folkloric and exotic aspects of the Black experience? The state puts it this way: make visible the Black presence as part of a statistical examples in the creation of the country, always in a form that seems to be a once-in-a-lifetime dream, far away, at a distance, a controlled and very safe dream. And on the end, eliminate any possibility of creating a Black consciousness or identity that would put at risk the construction of a Mexican ideology manufactured in a crossbreeding imaginary.

Under this premise, the state and hegemonic culture in Mexico obstructs the possibility of generating Pan-African and diasporic ties of solidarity with other communities of the World. This is most exemplified when the state promotes an annual African cultural festival in which one of Bob Marley's sons will perform, and have to "alternate", with a *Son Jarocho* group from Veracruz (even though in at its root, *Son Jarocho* is also a music composed of many African elements), but it will be difficult to expose a platform like this, in which the ideas of Black world leaders are discussed as though the relevance of their struggles was not completely inclusive of and coherent with our existential condition as citizens born in Mexico.

Even if we limit the example to local Mexican history, the recognition and estimation that the state has for Gaspar Yanga is minimal in comparison to the official registry of the country's colonial history, which describes his contributions as brief, almost insignificant, passages in terms of its historical impact. Gaspar Yanga founded San Lorenzo de los Negros, one of the first free towns on the American continent, through an uprising of marooned slaves and later a negotiation that secured their transition to autonomy under the authority of the colonial Spanish regime in 1618 of in the state of Veracruz.

We understand that convenient heroes will always be those who never challenged the normalized morality of the powers that be, the ones who obeyed the harsh guidelines of ecclesiastic powers even though, on paper, they affirmed a secular state.

It is no accident that few in Mexico know who Gaspar Yanga is. His condition as a free Black man with organizing, negotiating, and honorable skills, still raises doubts about the fantasy of progress and the baroque sense of aesthetic harmony that prevails in a Mexico that calls itself independent

It is in this way that the recognition of a Black consciousness or respect for cultural, organizational, and economic expressions of indigenous peoples represents a real attack against Mexican hegemonic stability, in many cases regardless of the political affiliations that they represent.

Mexican independence from Spain birthed a new model of internal colonialism in which the children of Spaniards and their direct descendants born in Mexico, clearly white Mexicans, with all the privileges of race and class that their historic condition granted them, became the new lords who would benefit from the exploitation of the people.

The great wealth generated from the exploitation of local resources may not have been sent to the Spanish crown, but it wasn't distributed to benefit the social welfare of the people either. The wealth stayed in the country, but solely accumulated in the chests of a few privileged families, who to this' day continue to be in control of the majority of the nation's resources. The poorest areas and people affected by exclusion and systemic marginalization were and continue to be visibly darkest, with respect to skin color of the settlers.

20 years have past since I came across that Ice Cube cassette. I never imagined at that time that at some point in my life I would have found myself on the other side of the equation. Through a string of near logical events, I became part of one of the first generations of young people that affirmed themselves as a community connected by Hip Hop. Years later, in the blink of an eye, I found myself rapping professionally and touring Mexico, other countries in Latin America, and the United States.

On this journey, I have discovered that art has the capacity for both impact and power, which goes beyond the individual satisfaction of a creative exercise.

Walter Rodney knew very well that his role in

academia was always strategic, and one of his fundamental priorities was that of sharing his thinking with the people that did not have the possibility to expose themselves to certain types of knowledge that were restricted by the systemic conditions reserved for a select group of people. Rodney was aware that a Black man in prison or without housing potentially had a greater chance of development and survival in this state of extermination if he had an enhanced awareness of his history and the reasons for his current state.

Rooted in this learning, and taking advantage of the power of influence that artistic visibility provides, I accepted the responsibility of sharing and producing counter-hegemonic knowledge. Swimming in a cultural industry where Hip Hop has been co-opted by a system as one more tool in the processes of submission and normalization, it was more than important to generate a project that broke the traditional modes of communication between artist and cultural consumer, which in the majority of cases lacks exchange or interaction, but rather exists a unilateral expression directed from the part of the artist to the audience without any real feedback. This is how the "Quilomboarte Collective" emerged, of which I am the founder.

Quilomboarte is an organization that produces multi-disciplinary cultural events in which rap and spoken word function as a non-orthodox educational tool and an essential collaborative adjunct to social and political movements in the process of transformation throughout the Americas. The organization derives its name from the communities in resistance, "Quilombos", which during the colonial period on the American continent were established by fugitive black slaves (also known as maroons and cimarrones), indigenous peoples and others who rejected colonialism's domination, who preferred to live as free people in communal form. Quilombos (also known as mocambos in Mexico and Palenques in Colombia), were founded as independent and self-sustaining collectives which rejected the state of slavery and its oppressive nature.

We believe in decolonization as a fundamental step in the process of understanding and establishing the meaning of self-determination in our communities. Our way of communicating with youth is through this project, which, in the majority of cases, is the first time that many of these young individuals are exposed to a source of information that questions and is critical of accepted history, and furthermore, is imparted by a group of people with whom he or she can identify immediately.

In the great majority of events we hold in Mexico, we try to invite artists from the African diaspora that share a congruent discourse with the emancipatory needs of our people, offering a platform of exchange and interaction with youth in Mexico. One of the first steps to take in order to establish these platforms of solidarity is recognizing the fact that historically the system was designed to created animosity between Black and Brown people.

It is worth remembering, in some cases the colonial regime in the Americas utilized African slaves as overseers of indigenous slaves, a divisive strategy between oppressed subjects that would naturally prevent any type of integrated uprising between Black and Brown. We are speaking of the first strokes of induced hate.

The analogy could easily be applied to many of the present day ghettos in the United States where the enemy doesn't appear to be a mercenary and exclusive system but rather the neighbor with a skin tone slightly lighter or darker.

It is crucial that we solidify connections between different communities of the diaspora outside of the traditional circuits of development, which in many cases are found to be permeated by bureaucratic thinking which defends the interests of the liberal agenda, and more when the vehicle itself questions the framework of "safe," of what it is considered high art, high culture, or "ethnic" culture as they love to say.

Decolonize, self-manage, transgress, emancipate. Our redefined version of Hip Hop's four elements.

There is a long way ahead of us and this is the time in which we are witnessing the first and incipient drafts of an affirmative process related to Black identity within the Mexican population. The responsibility to facilitate the platforms that can open dialogues and continue a production of culture that demystifies national identity, race relations, and self-determination needs by consensus is fundamental to our project and agenda.

Gonzalo Aguirre Beltran, a Mexican anthropologist whose continuous contributions to Afro-Mexican studies gave him the recognition as one of the most relevant academics and researchers on the subject, plays a dual role in this historical processes. On one hand, he was the first researcher to create a path toward the visibilization and exposure of the subject within high-brow academia through the publication of several books and the entailment with state agencies. Ironically, Beltran was also the one who, due to personal perceptions and expectations, halted the strengthening of and continued research on the Afro-Mexican legacy based on a myopic argument. Beltran thought that the miscegenation between indigenous, Black and mestizo communities would end up diluting the African presence in Mexico by the end of the seventies, when the Pan-american highway was being built, and displace the towns of the Guerrero coasts, which, he argued, would entirely disaggregate the communities without leaving any trace of its existence.

Truth of the matter is that Aguirre Beltran's expectations had always revolved around the exotism of finding a faithful reproduction of a sixteenth century community from Gabon or Guinea recreated in the Mexican state of Guerrero or the Veracruz coast in the nineteen-fifties.

What Aguirre Beltran never fully understood is that the specific characteristics of the Black population in Mexico wouldn't be "less Black" because of their communal contextualization within indigenous communities. Also Aguirre Beltran was ever interested in the process of politicization of Black towns, and he was even less interested in the development of solidarity bridges that would link the Black experience in Mexico with others along the

Diaspora with the intention of stimulate a sense of self-determination towards the states and nations that demarcate those communities.

Under this framework, I am reminded of Walter Rodney's contributions, in which he once mentioned "No one today can afford to be misled by the myths of race". In that sense I would say that we've lived sedated under the placebo of inclusion in national projects to the point where we defend with our own lives the interests of our main oppressors in the name of patriotic fervor, which has never ensured our interests within this political, social and economic model that is nothing else but neo-slavery in practice. We've learned to naturalize our apparent failure assuming the entire responsibility of our conditions without questioning causes and origins. We have imported and perpetuated an irrational hate for "the other," when "the other" is, in this instance, a reflection of ourselves.

I still have that old Ice Cube cassette that unleashed a whole series of events in my life. Ice Cube is probably not Amerikkkas most wanted anymore, or maybe never was, perhaps it was just a mirage that cast the silhouette of a powerful conjuncture in the marginalized communities of South Central L.A, with the capability to impact and reproduce itself all over the world, which is in itself is a huge achievement.

What remains clear to me is the fact that Amerikkka, written and spelled with three k's, no matter how sophisticated in its oppression and operation techniques, despite its subjective bubble of inclusion, racial democracy, and public policies

111

falsely inclusive, Amerikka is still walking on our backs, capitalizing our subjugated condition in order to keep satisfying mercenary interests in which you, me, and millions of people outside of this room play a perpetual secondary role.

Today more than ever, Rodney's words continue to resonate in constant reminder that true social victories must have the capability to permeate the masses. For this reason it is fundamental that we assume our responsibilities to the extent to which that is possible and establish bridges connecting academic discourse with organizing in our communities.

The people are waiting for us outside.

Amnesia Colectiva;
Notas sobre relaciones raciales, Walter Rodney, colonialismo interno y otras rimas.

Existe una brecha muy amplia entre un fenómeno de apropiación cultural y una reclamación histórica. ¿Cómo justificarlo intelectualmente cuando se tienen 12 años y durante ese tiempo hemos sido programados por una estructura de información y cultura que nos ha determinado todo rasgo identitario?

Los fenómenos migratorios, el comercio informal y el constante fluir entre la idealización del primer mundo en la esquina norte y el inframundo en el patio trasero, hicieron que un día mientras caminaba por un tianguis con mi abuela me tropezara con un *cassette* con la cara de Ice Cube el cual tenía una leyenda que decía "Amerikkkas Most Wanted". Mi entendimiento del idioma inglés era bastante limitado en aquel tiempo, pero me alcanzaba para comprender ilusoria y vagamente el sentido de lo que se leía en la portada de aquel *cassette* que me tenía curioso.

Los referentes de éxito, belleza, progreso, popularidad y respeto en México están siempre ligados a la imagen blanca europea/española, y los líderes más visibles a nivel mediático, político, religioso y cultural jamás titubean al referirse a España como la madre patria de los mexicanos (o al menos del México que ellos defienden).

Crecimos con el Rey Juan Carlos y la Reina Sofía de España como el modelo ejemplar del buen gusto para cualquier familia.

Los referentes de cultura popular que suenan en la radio o acaparan los espacios televisivos siempre ponderan elementos claramente sajones de su fenotipo como las virtudes de su belleza.

Todo aquel que presuma de su honorabilidad familiar hace una referencia necesaria a sus ancestros españoles, franceses, o portugueses, de acuerdo a la región de México en la que se encuentren.

No tenemos referentes dignos.

La mayoría de las personas que lucían un tanto similares a mí en cualquier espacio mediático siempre aparecen en roles y posiciones denigrantes.

Uno de los personajes más populares en la televisión en los 70's y 80's era "La India María", una mujer indígena que llega del campo a la ciudad sin dominio pleno del idioma español y sufre todo tipo de vejaciones y tratos miserables que al ser expuestos en pantalla tienen la intención de ser humorísticos.

La "Docilidad", "Ingenuidad" y "Buen Corazón" que los primeros conquistadores narraban sobre sus experiencias iniciales al interactuar con los indios en La Nueva España son características que se siguen calificando como virtudes dentro del marco del "opresor civilizado y el buen salvaje". La continua repetición de este valor identitario termina por naturalizar y acreditar este proceso casi automáticamente en la psique del mexicano.

Otro caso similar es el de "El negro Tomás", un personaje de televisión que representa a un niño negro de la costa de Veracruz en México, de aproximadamente 11 años de edad, caracterizado por un hombre adulto, con un disfraz estereotípico de Zambo, el cual constantemente está increpando a su madre a través de un juego de palabras en doble sentido con connotación hipersexualizada y con una aparente falta de interés y capacidad retentiva frente a las actividades escolares que su madre le sugiere, remontándonos de nueva cuenta al registro de la narrativa colonizadora que no cesaba en señalar aspectos negativos tales como la pereza, la apatía y el comportamiento libidinoso como parte de la serie de vicios en la personalidad de los negros en el continente americano. Cabe señalar que el personaje de la madre es interpretado por un hombre caracterizado de una mujer negra con el disfraz estereotípico de *nanny*, la cual evidenciaba un fervor constante por prácticas espirituales abordadas en la representación de una manera burda, superficial e irrespetuosa.

No está de sobra mencionar que la forma lingüística en la que se expresan estos personajes ya está cargada de una serie de valoraciones que afirman históricamente siglos de manipulación, exclusión y borramiento.

Soy un convencido de que el humor es un síntoma perspicaz de una agenda especifica y bien determinada, y en este caso acreditar este tipo de espectáculos deleznables solamente ayudaría a convertirme en un cómplice más de su propio abuso.

Es así que ver la portada del disco de Ice Cube en una pose que de algún modo sugería algún tipo de empoderamiento y fuerza, me hizo establecer un contacto directo con esa manifestación y ejercer un reclamo histórico a pesar de que las hegemonías y la geopolítica de aquel tiempo dictaran lo contrario.

Descifrar en su totalidad la lírica de ese álbum me era casi imposible, pero me quedaba muy claro que ese hombre negro en el país donde viviera no representaba un sector de población que había sido beneficiado y privilegiado por la historia; sabía muy bien que las palabras de ese hombre, tan sólo por la intención y fuerza en que resonaban, estaban dirigidas a narrar una versión diferente de la historia, mucho más cercana a mi realidad incluso cuando una distancia de miles de millas nos separaban.

Siendo niño, al mirar a mi padre y reflexionar sobre el reflejo que éste causaba en mí, supe que éramos de alguna u otra forma distintos en diferentes sentidos y contextos. Los remanentes fisionómicos de miles de hombres esclavizados llegando a México provenientes de África a trabajar con la caña o las minas negaron la posibilidad forzada de dispersarse y desvanecerse en la amnesia colectiva de este tejido social neocolonial.

Viajemos de regreso al siglo XVII, en donde en algún momento alrededor de 1645, la población Africana en la Nueva España (México, como lo conocemos actualmente) representó la segunda concentración más grande de africanos en las Américas, solamente atrás de Brasil en términos cuantitativos. En muchos periodos durante este siglo, la población negra en México superaba por mucho la cantidad de blancos españoles y criollos.

Podemos hacer una recapitulación sumamente extensa de muchas particularidades de este proceso diaspórico, que abarquen desde el más mínimo detalle lingüístico donde pueda apreciarse la aportación africana en nuestro léxico diario, hasta una revisión de todas las manifestaciones culturales que se reproducen a través de elementos provenientes de África: comida, tradición oral, prácticas religiosas, en fin un sinnúmero de elementos que resultan fascinantes al descubrirse y analizarse, especialmente cuando por siglos han sido estratégicamente borrados y minimizados por la historia oficial.

Pero es en este punto cuando me remonto necesariamente a una de las lecciones que he aprendido al conocer el trabajo de Walter Rodney.

Rodney no limitó el foco de su trabajo a comprender y descifrar todo el proceso en el que fuimos trasplantados de un continente a otro, con todas las complejidades teóricas e informativas que esto implica.

Rodney me da la impresión que tuvo siempre claro que una vez teniendo el privilegio de conocer y dominar toda esa información, había que movilizarla y establecer una serie de proyectos que nos permitieran transformar nuestras condiciones de vida al poder entender claramente el origen de nuestra condición actual y prospectar la futura.

El liberalismo actualmente en un país como México comienza a capitalizar sus propios abusos históricos de una manera muy puntual. Qué mejor estrategia propagandística para enriquecer un aparente estado incluyente que hacer una apología de la diversidad étnica y cultural que solamente se enfoque en la parte folklórica y exótica de la experiencia negra. El estado lo plantea de esta manera: visibilizar la presencia negra como parte de las estadísticas referentes a la creación del país siempre de una forma que más bien parece un sueño irrepetible, muy lejano, siempre a la distancia: un sueño controlado y muy seguro, eliminando por otro lado cualquier posibilidad de gestación de una consciencia o identidad negra que pueda poner en predicamento la propia construcción del ideario mexicano elaborado en base al mestizaje.

Bajo esta premisa, el estado y la cultura hegemónica en México dificulta la posibilidad de generar vínculos de solidaridad panafricana y diaspórica con otras comunidades del mundo.

Ejemplificándolo de manera más específica: el estado promoverá un festival anual de cultura afro donde uno de los hijos de Bob Marley participará en un concierto alternando el cartel con un grupo de Son Jarocho Veracruzano, (música conformada por muchísimos elementos africanos en su forma y fondo), pero difícilmente expondrá una plataforma en la que se discuta el pensamiento de líderes negros en el mundo, como si la relevancia de estas luchas no fuese completamente inclusiva y referente a nuestra condición de existencia como ciudadanos nacidos en México.

Incluso si delimitamos el ejemplo a la propia historia local de México, el reconocimiento y valoración que el estado tiene por Gaspar Yanga es de mínimas proporciones en los registros oficiales de la historia colonial del país, describiendo sus aportaciones como pasajes breves casi insignificantes en cuanto al impacto histórico. Gaspar Yanga fundó San Lorenzo de los Negros, uno de los primeros pueblos negros libres del continente americano a través de una sublevación cimarrona y posterior negociación que logró conquistar su transición a la autonomía frente al régimen colonial español en 1618 en el estado de Veracruz.

Sabemos que los héroes convenientes suelen ser aquellos que nunca pusieron en predicamento la moralidad adecuada para los poderosos en turno, aquéllos que acataron los duros lineamientos del poder eclesiástico a pesar de que en el papel se firmaran decretos de estados laicos.

No es fortuito que nadie en México tenga idea de quién es Gaspar Yanga. Su condición de negro, libre, con capacidad organizativa, negociadora y digna sigue poniendo en entredicho esa fantasía de progreso y armonía de estética barroca que prevalece en el México que se autodenomina independiente.

Es de este modo que el reconocimiento de una consciencia negra o el respeto a las formas culturales, organizativas, económicas y culturales de la población india representan un atentado contra la estabilidad de las hegemonías mexicanas, sin importar en muchos de los casos las filiaciones políticas que éstas representen.

La independencia de México con respecto a España gestó un nuevo modelo de colonialismo interno en el cual los hijos y descendientes directos de españoles ya nacidos en México, evidentemente blancos mexicanos, con todos los privilegios de clase y raza que las condiciones históricas les otorgaron en su momento, se constituyeron como los nuevos patronos beneficiarios de la explotación del pueblo.

Las riquezas generadas a partir de la explotación de los recursos locales quizá ya no eran enviadas a la corona española, pero éstas tampoco fueron repartidas al beneficio del bienestar social del pueblo. La riqueza se quedó en el país, pero únicamente para acumular las arcas de unas cuantas familias privilegiadas, que hasta el día de hoy siguen siendo las que controlan la mayoría de los recursos de la nación.

Las áreas más pobres y las poblaciones más afectadas por la exclusión y marginación sistémica fueron y siguen siendo visiblemente más oscuras en cuanto al tono de piel de sus pobladores.

Ya pasaron más de 20 años desde que encontré ese *cassette* de Ice Cube. Jamás imaginé en aquel entonces que en algún punto de mi vida me habría de encontrar del otro lado de la balanza. Por una sucesión de acontecimientos casi lógica formé parte de una de las primeras generaciones de jóvenes que se afirmaron como parte de una comunidad vinculada con el Hip-Hop. Años más tarde, entre un abrir y cerrar de ojos me encontraba ya haciendo rap profesionalmente y girando por todo el país y algunos otros sitios en Latinoamérica y Estados Unidos. Es en este viaje que descubro la capacidad de impacto y poder que tiene el arte más allá de la satisfacción individual a través del ejercicio creativo.

Walter Rodney sabía muy bien que su posición dentro de la academia era siempre estratégica y que una de sus prioridades fundamentales era el compartir su pensamiento con la gente que no tenía la posibilidad de exponerse a la obtención de cierto tipo de conocimiento que estaba restringido por las condiciones sistémicas solamente a un grupo selecto de personas. Rodney sabía muy bien que un hombre negro preso o en situación de calle tendría potencialmente una mejor posibilidad de desarrollo y sobrevivencia en este estado de exterminio si éste conociera mejor su historia y las razones por las cuales su condición es del modo que es.

Basado en este aprendizaje, asumí la responsabilidad por compartir y generar conocimiento contrahegemónico aprovechando el poder de influencia que nos otorga la visibilidad artística en diferentes comunidades.

Nadando en una industria cultural donde parte del Hip-Hop ha sido cooptado por el sistema como una herramienta más de sometimiento y normalización, era más que importante el generar un proyecto que rompiera con los modelos tradicionales de comunicación entre artista y consumidor cultural en los cuales en la mayoría de los casos no existe un intercambio e interacción, sino sólo una expresión unidireccional por parte del artista al público sin posibilidad de retroalimentación real.

Es así que surge nuestro colectivo Quilomboarte del cual soy fundador. Creemos en la decolonización como un paso fundamental en el proceso por comprender y establecer un sentido de autodeterminación básico dentro de nuestras comunidades, y nuestra forma de establecer este diálogo con los jóvenes es a través de este proyecto en el cual en la mayoría de los casos será la primera vez que muchos de ellos estén expuestos a una fuente de información que cuestione y sea crítica frente a la historia oficial, y que además sea impartida por un grupo de personas con las que se pueda generar un proceso de identificación inmediato.

En la gran mayoría de los eventos que realizamos en México, intentamos invitar a artistas de la diáspora africana que compartan un discurso congruente con las necesidades emancipatorias de nuestros pueblos, ofreciendo de esta manera una plataforma de intercambio e interacción con los jóvenes en México.

Uno de los primeros pasos para establecer estas plataformas de solidaridad es el hecho de reconocer que históricamente el sistema fue diseñado para crear una animadversión automática entre gente negra y café.

Vale la pena recordar que en algunos casos el régimen colonial en América utilizaba a esclavos africanos como capataces de los esclavos indios, como una estrategia divisiva entre sujetos oprimidos que impediría naturalmente cualquier tipo de sublevación integrada entre negros e indios. Estamos hablando de los trazos primigenios del odio inducido.

La analogía bien podría ser aplicada en muchos de los guetos estadounidenses de la actualidad en donde el enemigo no pareciera ser el sistema mercenario y excluyente sino el vecino ligeramente más claro o más obscuro.

Solidificar nexos entre diferentes comunidades de la diáspora fuera de los circuitos tradicionales de gestación, los cuales en muchos casos se encuentran ya permeados por esquemas burocráticos que defienden los intereses de la agenda liberal, resulta imprescindible, y más cuando el vehículo por sí solo ya cuestiona el marco "seguro" del considerado buen arte, buena cultura, o cultura "étnica", como les encanta denominarla.

Decoloniza, Autogestiona, Transgrede, Emancipa. Nuestra versión redefinida de los cuatro elementos de un Hip-Hop que hemos deconstruido.

El camino es muy largo y nos encontramos en un momento en el cual somos testigos de los primeros y muy incipientes esbozos de un proceso afirmativo con respecto a identidad negra dentro de la población mexicana en general. Pero la responsabilidad de abrir el diálogo, ponerlo en la mesa y continuar la producción cultural que apunte a la desmitificación de la identidad nacional y las relaciones raciales, y a consensuar la necesidad de un proceso de autodefinición es fundamental en nuestra agenda.

Gonzalo Aguirre Beltrán, el antropólogo mexicano a quien se le adjudican las mayores aportaciones en el terreno de la investigación sobre estudios afromexicanos, juega un papel dual en esta historia, ya que por un lado fue el primero en adentrarse al camino de la visibilización y exposición a nivel académico de estas comunidades a través de la publicación de varios libros y la vinculación con ciertos organismos estatales, pero también, debido a percepciones y expectativas personales, clausuró el seguimiento y fortalecimiento del trabajo que había venido haciendo basándose en el argumento de que la mezcla entre comunidades indias, negras y mestizas terminaría por diluir por completo la presencia negra en México para el final de los años 70s cuando la carretera panamericana que sería construida sobre muchos de los pueblos negros de la costa de Guerrero terminaría disgregando estas comunidades sin dejar rastro alguno.

La realidad de este caso es que las expectativas de Aguirre Beltrán siempre giraron en torno al exotismo de encontrar una reproducción fiel de una comunidad en Gabón o Guinea en el siglo XVI, pero recreada en las costas de Guerrero o Veracruz en el México de los años 50s. Lo que Aguirre Beltrán nunca entendió fue que las características de la población negra de México no serían legítimamente menos "negras" por contextualizarse en muchos de los casos en comunión con algunas comunidades indias. Aguirre Beltrán jamás estuvo interesado en el proceso de politización de los pueblos negros y mucho menos en el desarrollo de un puente que relacionara la experiencia negra en México con la del resto de la diáspora con fines de autodeterminación respecto a los estados nacionales que los demarcan.

Bajo este marco teórico de nuevo me remonto a las aportaciones de Rodney, quien mencionó alguna vez "no one today can afford to be misled by the myths of race".

Hemos vivido sedados bajo el placebo de la inclusión a los proyectos de nación al punto de llegar a defender con nuestra propia vida los intereses de nuestros principales opresores en nombre de un fervor patrio, el cual jamás ha velado por nuestros intereses en este modelo político, social y económico que no es otra cosa que una práctica neoesclavista.

Hemos aprendido a naturalizar nuestro aparente fracaso asumiendo entera responsabilidad de nuestra condición sin tener el mínimo interés en cuestionar su causa y origen.

Hemos importado y luego perpetuado un odio irracional por el "otro", cuando el "otro" es muy probablemente un reflejo de nosotros mismos.

Aún conservo ese viejo *cassette* de Ice Cube que desató toda una serie de acontecimientos en mi vida.

Es probable que Ice Cube en particular dejó de ser hace varios años el más buscado de América, o quizá sólo fue un espejismo que dibujó la silueta de la coyuntura en los barrios marginales del sur centro de Los Angeles, la cual tuvo la capacidad de impactar y replicar en el mundo entero, lo que es un logro inmenso; pero si algo me queda claro es que Amerikkka, escrita con una triple k, a pesar de sofisticar sus métodos de opresión y operación, a pesar de esta burbuja subjetiva de inclusión, democracia racial y políticas públicas falsamente incluyentes, sigue caminando sobre nuestras espaldas, capitalizando nuestra condición subyugada para seguir satisfaciendo intereses mercenarios en los que ustedes y yo y millones allá afuera jugamos un papel permanentemente secundario.

Hoy más que nunca las palabras de Rodney siguen resonando y recordándonos que las verdaderas conquistas sociales tienen que tener la capacidad de permear a las masas, por lo cual es fundamental que asumamos nuestra responsabilidad y en medida de lo posible establezcamos un punto de comunicación entre el discurso académico y la organización con el pueblo. El pueblo está esperándonos allá afuera.

Country Teeth

As long as there is time to occupy a space in which deconstructing
Foucault is the intellectual masturbation of the evening,
the condition, with respect to this exotic animal, remains dictated
by its capacity for articulation and oration,
these assholes will be fascinated by that corporeal dichotomy.

Country teeth that can't hide the overwhelming gap from colonial
missteps and crises.

A leash well suited for testicles and subordinated to a NGO.org pay check.

As long as they don't find us twelve hours later,
At 8:17am,
taking out the trash,
with these loose teeth functioning as a measure of emergency and a metaphor for
excess,
along with that exclusive aura for the fourth world,
a mouth that does not require codes,
the same mouth that flourished raping princes.

We have last night's semen caked on our underwear,
proving that hygiene is a myth that only looks good on custodians.

We are beautiful.

There's no distinction between the cracker and the
intellectual brother at 8:23am,
whenever it is March on the project's clock,
or on the neighborhood clock,
or the favela clock,
or the solar clock.

We have country teeth.

Diente de pueblo

Siempre y cuando sea el tiempo de ocupar un
espacio en el que deconstruir a
Foucault sea la masturbación intelectual de la noche,
la condición correspondiente de este animal exótico
permanecerá legitimada en base a su capacidad de
articulación y oratoria,
y esas putas estarán fascinadas por aquella
dicotomía corpórea.

Dientes de pueblo que no logran esconder el
avasallador paso de las crisis y desventuras
coloniales.

Una correa bien sujeta a los testículos y un
chequecito.org, control remoto.

Siempre y cuando no nos descubran doce horas más
tarde,
a las 8:17 am,
tirando la basura,
con esas piezas dentales extraídas como medida de
emergencia y metáfora del hartazgo,
con esa aurea exclusiva del cuarto mundo,
con esa labia que no necesita codificaciones,
la misma que florece violentando a los principitos.

Con ese semen de anoche embarrado en los
calzoncillos,
evidenciando que la higiene es un mito que favorece
a los custodios.

Somos bellos.

No hay distinción entre el crackero y el intelectual
prieto a las 8:23 am,
siempre y cuando sea martes en el reloj del
proyecto,
en el reloj de la vecindad,
de la favela,
del solar.

Tenemos dientes de pueblo.

BIO-lence

Colonialism is an eyesore.
Remove the shame
and the whip of reality emerges.
A memo said they need to disinfect us with chlorine.
The volume seems grotesque,
an abrogation of aesthetic.
Only referring to an aboriginal state of reason.

Nineteen six five
Malik El Shabazz on stage
and at the first rhyme
a gun in watts is fired
crying out *presente!*

That's gangsta! That's really fucking gangsta!
That shot marked the establishment of a new order.
The ones who are down are called by name
Aggression reflected in their irrational character
using
bestial matrices.
They are unleashing those dogs celebrating the
Belgian Congo!
I will get an erection without protection involved.
Because they keep lying to us and
making a big deal about a jungle virus they've
created.

1-800UNICEF call now!
Adopt a child from the underworld.
Get rid of guiltiness for only $15.99.

Call now before jihad is over.

A bit of detachment in an act of constituency
constitutes their version of terrorism,
and prostitutes a dangerous amendment.

The efficient of inclusive procedures is on the scene,
modern diplomat of progress,
a subtle negotiator of consciousness knocked on my
door and ask me about how much I like boxing
and I boxed him with fists and lyrics
in legitimate defense of my consciousness.
in lyric and fist.

The stench blew the vignette to pieces,
Meanwhile a *zombie* reclines in the comfort
of a pillow of wood.

Is there anything more violent than your violence?
Yes, my violence is necessary.
Is there anything more violent than your violence?
Yes, my violence is liberatory.

BIO-lencia

Le duelen los ojos al colonialismo.
Se alborota la vergüenza
y el látigo de la realeza emerge.
Hace falta desinfectarnos con cloro, dijeron en un
memorandum.
Les parece grotesco el volumen,
una aberración de la estética.
Sólo referente a un estado aborigen del
razonamiento.

Diecinueve seis cinco
Malik El Shabazz en el suelo
y la primera rima
la dispara un fusil en *watts*
gritando *¡presente!*

That's gangsta! That's really fucking gangsta!
Su golpe se denomina establecimiento del orden
natural.
Y el que suscribe lleva por nombre
agresión reflejo de su carácter irracional con
matrices bestiales.
¡Suelten a los perros celebrando al Congo belga!
Estimularé mi erección sin preservativo de por
medio
pa' que nos sigan mintiendo
y haciendo el cuento de un virus de jungla.

¡Llame ahora 1-800-UNICEF!
Adopte a un niño del inframundo.
Tan sólo $15.99 el catalizador de culpas.
Llame ya que la yihad se acaba.

Minúsculo despego al acta constitutiva
constituye su versión del terrorismo,
y prostituye la enmienda peregrina.

Aparece en escena el eficaz del ejercicio incluyente,
el diplomático moderno de avanzada,
el sutil negociador de la consciencia.
Toca a mi puerta pa' cuestionar mi gusto por el
boxeo
y le di boxeo en legítima defensa de mi consciencia
con letras y puños.
A puño y letra.

La peste rompiendo a pedazos la escena diaria,
mientras el *zombie* descansa en el confort
de su almohada de palo.

¿Qué más violencia que tu violencia?
Si mi violencia es necesaria.
¿Qué más violencia que tu violencia?
Si mi violencia es libertaria.

High Definition

Monologue: Juan, seated in one of eight existing benches in a small park situated right at the juncture of four projects in the Bronx, New York. A cold Autumn morning, cloudy, with light wind

Juan:
Yes, it must be difficult to go through life counting other people's money,
those bank tellers like it when people see them stroking their dreams, this is why
there's a line in all the bank branches.

Nah! That why I live simply,
can't let this city shit impress me, even before the accident,
whenever I go to therapy, I meet an old white guy on the bus who says

that he was a professor in Russia, a few days ago he gifted me a Kafka book, the one
about the cat who woke up one day turned into a cockroach...
It made me think that I don't need to turn myself in an insect to be disgusted by those
suits every time I get on the train...
Fucking white people, they think I don't see, they think I don't understand their words with their sterile accent, antiseptic...
I don't observe and take notes in my notebook anymore, it's closed.
I already know how to better manage the urge to give them a *chingadazo*: fum! fum! fum! but i'm chill, no more watching, finally after 125th street the train is ours,
when the ghosts get off.

Sometimes when I go to the park, I hold the doves. People bother me because when I raise my arms above my head, they must think that I am more animal than human, but what they don't understand it that the doves recognize humanity in people.
That's why they embrace me with confidence.
Fucking mercenaries, even when the doves fly off before they can get close enough,
people still have a clear plan to market them as fried chicken.

Winter is here.
Ever since the accident, I've had to learn to deal with the cold, it crunches my bones, but revitalizes my goals.

I'm not begging!
I'm not begging!
I'm not begging!
Where do you see my painted little cardboard sign
asking for help to buy beer?

This is deficiency that stands up for itself with
dignity,
this is not a theater of recycling.

Gums, hands and toenails...
Don't trip!
Class struggle lies in these three elements,
here they have marked history for centuries.

Paradoxically, I developed my consciousness with a
stab in the back (*fum*, a hard slap)
and was left unconscious to the eyes of the world,
a steel wire falling from a third floor, my spine broke
into pieces

It was a kind of homage to colonialism, an ironic
moment for the "democratic" societies,
I appeared in the news;
"Construction worker, illegal immigrant suffers
accident in the heart of Manhattan, the employers
allege that the worker didn't comply with basis
security measures to avoid this kind of mishap.
Despite almost losing his life, the worker will
recover in a New York city hospital."

Oh what a way to have my first media debut.

I replayed every inch of my history when I was in that lightless limbo and as soon as I could open my eyes I knew that the least significant change in the long run was the way in which they would replaced me...

Because the real transformation was that damned need to put my hunger to work, as long as I was still in charge of my own legs.

Someone had to listen to me.

The construction company and their bosses hoped that I would do anything but launch
a legal defense because, for them, either you die or you dust yourself off and continue working, always in silence, besides they weren't used to replies from their subordinates.

I was bedridden for four months, while the shipments heading south kept floating toward the ethically unforgivable... the emergency of hunger.
Sixteen weeks reading, preparing my defense.
But what better evidence than this eternally brutalized body?

Judgment day arrived, humble Juan and his story vs. the hegemonic giants.. My argument was irrefutable, the biologization of crime and punishment, live and direct, in flesh and blood, high definition!
Perhaps I was only a guinea pig for Indians to justify a liberalism brought on by defending and demanding democracy, democracy, democracy!... the

humanitarian feeling in "triple A" time is an effective media campaign in the league of *white saviors*.

In any case, I left with a check containing several zeros and an apologetic half smile.

Smile for the photo please! this check is almost like winning the *lotto*!

That was the phrase from the annoying, barely animated television voice that kept repeating in my head for seventy five hours... over and over.

Here I am two years later in line at the bank.

Today the manager even offers me coffee and cookies and lets me bring my dog inside.

What class of privilege! which is not the same as saying: what class privilege!

But I don't buy it, they have a class; a myopic one that only allows them to see digits.

They trick themselves into believing I won the lottery...

They swallow their nausea, or at least stifle it... the best proof that I haven't won any battle... perhaps it has only begun.

You think I won?

Huh?

Two hundred and fifty thousand dollars is shit when they mutilated your body.

Two hundred and fifty thousand dollars is shit when those bastards swim in

Oil and clean their plaque with diamonds.

I can't run... straight up.

I have the equivalent of eighty-five years in my back.

Two hundred and fifty thousand dollars doesn't
wash way the insult... much less
quell my desire to skip.

I have five hundred years in my back... straight up.

New York taught me to use less...

Straight up.

High Definition

Monólogo. Juan, sentado sobre una de las ocho bancas existentes en un parque pequeño situado justo en la coyuntura de cuatro proyectos en el Bronx, Nueva York. Una mañana fría, nublada, con viento ligero en otoño.

Juan:
Sí, debe ser difícil pasarse la vida contando dinero ajeno.
Los empleados bancarios disfrutan que la gente los vea acariciando el sueño, por eso es que hay fila en las sucursales.

¡Nah! Yo por eso vivo sencillo.
No dejé que esta mierda de ciudad me deslumbrara, ni siquiera antes del accidente; cada que voy a mis terapias me encuentro a un viejo blanco en el

141

autobús, él dice que fue profesor en Rusia; hace unos días me regaló un libro de Kafka, ese donde un cabrón despierta un día convertido en cucaracha.

Eso me hizo pensar que yo no tuve que convertirme en insecto para darle asco a los *trajeados* cada que me subo al tren.
Pinches blancos, creen que no me doy cuenta, creen que no entiendo sus palabras con acento estéril, antiséptico...
Yo nada más observo y apunto en mi libretita, callado.
Ya sé manejar mejor mis ganas de darles un chingadazo, ¡fum fum fum fum! Pero yo tranquilo, nada más viendo, al fin que después de la calle 125 el tren es nuestro, allí se bajan los fantasmas.

A veces, cuando vengo al parque, alimento a las palomas y la gente se saca de onda porque se me suben a los brazos y a la cabeza; la gente ha de creer que soy más animal que humano, pero lo que no entienden es que hasta las palomas reconocen la humanidad en las personas.

Por eso ellas abrazan con confianza.
Pinche gente mercenaria, aun cuando las palomas van volando antes de acercase, ellos ya tienen la estrategia completa para mercadearlas como pollo frito.

Ya viene el invierno.

142

Desde el accidente he tenido que aprender a negociar con el frío, me oprime los huesos pero me revitaliza los objetivos.
¡No estoy pidiendo gratis!
¡No estoy pidiendo gratis!
¡No estoy pidiendo gratis!
¿Dónde ves mi cartoncito pintado pidiendo ayuda para cerveza?

Esta es una carencia que saca la cara dignamente, esto no es un teatro del reciclaje.

Encías, manos y uñas de los pies...
¡no te compliques la cabeza!
En esos tres elementos radica la lucha de clases, ahí se queda marcada la historia por siglos.

Paradójicamente desarrollé mi consciencia con un golpe seco en la espalda (*fum*, palmada seca) y quedé inconsciente a los ojos del mundo; un cable de acero cayendo desde un tercer piso me partió en pedazos la columna.

Fue una especie de homenaje al colonialismo, un monumento irónico a las sociedades "democráticas".
Aparecí en las noticias:
"Trabajador de la construcción, migrante ilegal sufre accidente en el corazón de Manhattan. Los empleadores alegan que el trabajador no acató las medidas de seguridad básicas para evitar este tipo de percances. A pesar de que casi pierde la vida, el trabajador se recupera en un hospital de la ciudad de Nueva York".

Vaya manera de hacer mi debut mediático. Recorrí cada rincón de mi historia en ese limbo sin lucidez y, tan pronto como pude abrir los ojos, supe que el cambio menos significativo a largo plazo era la forma en que lograría desplazarme... porque la verdadera transformación era esa puta urgencia por movilizar mi hartazgo aunque tuviera que cargar mis propias piernas.

Alguien me iba a tener que escuchar.

La compañía de construcción y los patrones se esperaban todo menos que articulara una defensa legal, porque para ellos o te mueres o te sacudes el polvo y sigues trabajando, siempre en silencio, pues no están acostumbrados a la réplica de sus subordinados.

Me regalaron cuatro meses en cama, mientras las remesas rumbo al sur seguían fluyendo por aquello de lo éticamente imperdonable: la urgencia por hambre. Dieciséis semanas leyendo, preparando mi defensa.
Pero, ¿qué mayor evidencia que este cuerpo brutalizado eternamente?

Llegó el día del juicio, humilde Juan y su historia *vs.* los gigantes hegemónicos. Mi argumento fue irrefutable, la biologización del crimen y castigo, en vivo y en directo, en carne y hueso, *high definition*.
Quizá sólo fui un conejillo de indias para justificar el liberalismo que está urgido por justificar y gritar

¡democracia, democracia, democracia!... el sentido humanitario en horario "triple A" es una campaña mediática efectivísima en la liga de los *white saviors*. De cualquier modo, salí con un cheque con algunos ceros y un disculpe a media sonrisa.

¡Sonría, por favor, para la foto! ¡Que con ese cheque es casi como ganar la *lotto*!

Esa era la frase en un irritante tono de mediocre animador televisivo que se repitió en mi cabeza por las próximas setenta y cinco horas... una y otra vez.

Sigo aquí dos años después aún haciendo fila en el banco.

Hoy incluso el gerente me ofrece galletas y café, además de poder entrar con mi perro.

¡Qué clase de privilegio! Que no es lo mismo que decir ¡qué privilegio de clase!

Pero no me como el cuento, ellos tienen una clase, pero de miopía que sólo les permite mirar dígitos.

Se engañan a sí mismos haciéndose creer que me gané la lotería.

Se aguantan las náuseas, o al menos las aminoran. La mejor prueba que no gané ninguna batalla... esta apenas comienza.

¿Crees que gané?

Dime.

Doscientos cincuenta mil dólares son mierda cuando mutilan tu cuerpo.

Doscientos cincuenta mil dólares son mierda cuando esos cabrones nadan en petróleo y se limpian el sarro con diamantes.

No puedo correr… literal.
Tengo el equivalente a ochenta y cinco años en mi espalda.

Doscientos cincuenta mil dólares no limpian el insulto, mucho menos apaciguan mis deseos por brincar.

Tengo quinientos años en mi espalda… literal.

Nueva York me enseñó a gastar poco…

Literal.

Digestif

Once there was a naïve cacophonous ingrate,
a son of *criollo* subjugation who's only reward for
breathing was permanent
hope,
champion of the symbolic values of a thankless
republic that metes out venom
without territorial limitations.

There goes the little warrior yelling "pitityanki" to
that rat Miguel for calling himself Mickey and not
paying attention to Rodriguez from the other colony,
Comfortable *Costumbrismo* and social control would
be an appropriate euphemism for this paternal
fervor acting as the final thread resisting the
irreparable eruption.

How would you like to testify to a crowded shit
show before receiving a definitive rejection.

How many in the gallows? How many more in line to
be shot?
That is already an anachronistic fantasy,
a revolution dismantled.

He articulates, mobilizes without holding privilege
accountable in these absurd olympics of oppression.

There goes that Caribbean soviet hollering
"pitiyanqui" at every one who collects a little welfare
check to spend on cans of spam and cable,

as if the taste for sodium was spontaneous,
the plasma, the fridge, the Lebron James kicks,
his dreams of Aranjuez shriveling without a
refrigerator.

Revolution dismantled.

Digestivo

Había una vez un ingenuo displicente cacofónico,
hijo de la subyugación criolla con el único beneficio
de la aspiración como esperanza permanente,
defensor de los valores simbólicos de una república
ingrata que le dosifica el veneno sin delimitaciones
territoriales.

Ahí va el pequeño combatiente gritándole *pitiyanki*
al ratón Miguel por llamarse Mickey y no pagarle
cuentas al Rodríguez de la otra colonia;
costumbrismo cómodo y control social sería el
eufemismo indicado para ese fervor patrio que
resulta ser el último hilo que resiste a la erupción
irremediable.

Cómo quisiera ser testigo de un descojonamiento
multitudinario antes de la refundación definitiva.

¿Cuántos a la horca? ¿Cuántos más a la línea de
fusilamiento?
Esa ya es una fantasía anacrónica,
revolución reconstruida.

Articula, moviliza sin culpa el privilegio en estas
olimpiadas absurdas de la opresión.

Ahí va aquel soviet caribeño gritando *pitiyanqui* a
todo aquél que cobra un chequecito del *welfare* para
gastarlo en latas de *spam* y televisión por cable,
como si el gusto por el sodio fuera espontáneo;

el plasma, la nevera, las botas de Lebron James,
se pasman, sin nevera, los sueños del Aranjuez.

Revolución deconstruida.

NOA NOA

9 to 5
6 days a week
health chips like porcelain
a subordinate yells: Enough!
buying his class mobility on layaway

Put honey on *hojuelas* to treat this routine self-
flagellation
Corpse!
A breathing corpse pretending to be free.

He swallows his fear and loses all hope of escaping
looks
when he walks, back broken
this sack of guilt is a burden.

Thank you Occident for the self destructive blessings
and fear of the
dark
for the power to kill with verbs
for teaching me to worship the Viking with his
sword at my
throat
I am still a corpse.
A breathing corpse pretending to be free.

Welcome to the underworld,
a grotesque carnival, home of the depoliticized AK-
47,
we favor gold, excess, obesity, the ability to pray

to Malverde
glamorization of the grown "bad boy" who talks about bullets
while resting his spurs on fine government palace rugs.

Jump out of the comic strip and run from this community to that one,
you won't find yours
this piece of shit in an invisible bunker is dodging death with blood
slathering himself with fresh blood, every morning.

And tell fucking Benito Juarez that peace and respect sound like
Naïve metaphors for romance
later, to bring something healthy to the situation, he set Noa Noa nightclub on fire.

Here,
yes there are corpses here
corpses who watch the borders in silence and mourning.

I refuse to accept death,
I jump and reinvent myself.
Because I am no more than a breathing corpse pretending to be
free.

NOA NOA

9 a 5
6 por semana
salud se rompe cual porcelana
grita el subordinado: ¡basta!
comprando a plazos escalones en la casta

Miel en hojuelas para esta autoflagelación rutinaria
¡Muerto!
Muerto que respira en pos de ser liberto.

Consume el miedo e inmoviliza cualquier
posibilidad de fuga.
Lo miro caminando, espalda rota;
es un abuso ese costal de culpas.

Gracias occidente por la bendición autodestructiva y
el pavor a lo obscuro;
por el empoderamiento del exterminio a través del
verbo;
por enseñarme a venerar al vikingo con su espada
en mi garganta
y ¡sigo muerto!
Muerto que respira en pos de ser liberto.

Bienvenidos al inframundo.
Este es el carnaval grotesco de la AK 47
despolitizada,
sólo en pro del oro, el exceso, la obesidad, el poder
de rezo a Malverde,

y esa glamurización del bandido huevudo que habla
en balas mientras descansa sus espuelas en los finos
tapetes del palacio de gobierno.

Suelta el tiro y a correr en este pueblo que este
pueblo ya no es tuyo;
está acorazado en un bunker invisible esquivando a
la muerte con sangre,
acariciándola con savia cada mañana.

Y dile al cabrón de Juárez que la paz y el respeto
suenan como ingenuas alegorías al romance,
luego préndele fuego al Noa Noa pa' resurgir sanos
en este drama.

Y aquí,
aquí sí hay muertos;
muertos que hoy vigilan las fronteras del luto y del
silencio.

Yo me negué a morir,
pego un brinco y me reinvento.

Porque tan sólo soy un muerto que respira en pos de
ser liberto.

Sublime

Intrinsic value.
Intrinsic value.
AMA bus. Boiling plus one.
San Juan metro zone.
Honoring his organic nature as he has been for all 5
years of his life, a
little boy seated two seats from the front, shits
himself in a sublime
manifestation of boredom.
Each piece of shit unleashes an ideological debate of
visceral urgency among
the passengers, after the kid's mother noisily drags
him from the bus to the
rhythm of slaps on back of his head.

The old *criolla* in the seat directly behind, watches
carefully, doling out the information
to every new passenger boarding the bus.
"Watch out for the doo doo, don't sit there, some bad
mannered little boy with no home training didn't
learn to go to the bathroom properly."

The bus enjoys a tense calm while more than forty
people safeguard, with a high level of satisfaction,
the piece of shit that adorns row 7, right side, of the
Orion VII next generation, route T5, San Juan-Calle
Loiza-Isla Verde.

Bank employees, students, tourist employees, all
paraded by the exquisitely formed coprophagic

spectacle without serious mishap and with the possibility of sharing the experience when they reached their destination...

The old *criolla* continued giving introductory discourses to each new passenger
offering an experience that was almost museographic in nature.
Clearly an empowerment that would persist for the night, for the month, for the year.

Two stops from the bus's final destination, a man in his fifties made an
appearance, a construction worker , I assumed, because of his cement stained
boots, who, guided by the nuisance of 3pm, the sun at 3:12, the hunger of 3:27 and the audacity of every hour, plopped down on the first open seat without giving it another thought.

The old *criolla*, detailed communicator throughout the entire day, didn't even flinch. Absolute silence.

The best possible fulfillment of her pyrrhic empowerment was to see a dark Dominican migrant in Puerto Rico covering his body with shit, a process perpetuating the legitimization of disgust.

Seconds after, magically, the other 50 or so passengers started to complain in unison about the stench.

Shit, upon contact with dark skin, acquires a historico-politico sense that is impossible to ignore in the complaining passengers with their stores of internalized racism, and especially in the old *criolla*, who quickly exited the bus as soon as she had an opportunity.

The first *prieto* shows their superiority by subjugating the second colonial *prieto* in a staircase of oppression, where there is more aversion to remembering Africa than to a piece of not-so-innocent shit.

Shit.
Intrinsic value.
Intrinsic value.

Sublime

Valor intrínseco.
Valor intrínseco.
Guagua de la *AMA*. Ebullición más uno.
San Juan zona metro.
Haciendo honor a su naturaleza orgánica, así como a
sus 5 años de vida, el chamaquito sentado dos
asientos al frente se caga en sí mismo como una
manifestación sublime al tedio.
Sendo pedazo de mierda desata un debate
ideológico de impulso visceral entre los pasajeros
después de que la madre del niño lo bajara
estrepitosamente del *bus* a ritmo de pellizcos y
palmadas en la nuca.

La vieja criolla del asiento trasero inmediato vigila
cautelosa, administra la información a todo nuevo
pasajero que aborda el *bus*.
"Cuidado con el mojón, no se siente, que ese
chamaquito mal educado no recibió instrucciones en
su casa para aprender a ir al baño".

El *bus* vive una tensa calma y más de cuarenta
personas resguardan con un alto nivel de goce ese
pedazo de mierda que adorna la fila 7, lado derecho,
del Orion VII next generation, ruta T5, San Juan-
Calle Loiza-Isla Verde.

Empleados bancarios, estudiantes, empleados
turísticos, todos desfilaron por el espectáculo
coprofágico de forma exitosa sin mayor

contratiempo y con la posibilidad de compartir la experiencia cuando llegasen a su destino.

La vieja criolla continuaba dando discursos introductorios a cada nuevo pasajero, brindando una experiencia casi de índole museográfica. Un empoderamiento que sin duda le haría la noche, el mes, el año.

Dos paradas antes del destino final de la *guagua* hace aparición un hombre en sus cincuentas, asumo trabajador de la construcción por las botas manchadas de cemento, quien guiado por el fastidio de las 3 pm, por el sol de las 3:12, el hambre de las 3:27 y el descaro de toda hora, se abalanzó sin pensarlo dos veces al único asiento libre.

La vieja criolla, comunicadora en detalle del suceso del día, no se inmutó. Silencio absoluto.

El mayor goce posible de su empoderamiento pírrico era ver a un prieto dominicano migrante en Puerto Rico llenándose el cuerpo de mierda, consumándose así un proceso de legitimación del asco.

Segundos después, mágicamente, los otros casi 50 pasajeros comenzaron a quejarse por la peste al unísono.
La mierda al contacto con la piel prieta adquirió un sentido histórico-político imposible de ignorar por el cúmulo de racismo internalizado en los quejosos,

en especial por la vieja criolla, la cual bajó del *bus*
tan pronto tuvo oportunidad.

El prieto de primera manifiesta su altivez al
subyugar al prieto colonial de segunda en aquella
infame escalerita de opresión en la cual hay más
aversión por una reminiscencia al África que por un
pedazo de mierda no tan inocente.

Mierda.
Valor intrínseco.
Valor intrínseco.

Communiqué

Official communication
Under the rational jurisdiction of this
emancipated quilombo:

Being ahead of the game
means playing a game of chess against a mercenary.
Finding our own essence inside of ourselves.
Drinking to our rare pleasures
Without drinking ourselves blind.

We use their war methods without the
colloquial measure of proper conduct
to put a new price on our sugar.
Cash only.
There's no credit for those who betray the mirror.

Official communication
under the rational jurisdiction
of this liberated quilombo:

Here, everyone have sex with each other.
Transgression is my person,
that used the word to start up the fight.
In which case,
the power in my penis is directly proportional to
wisdom in your hips.

Making it clear that, sucking on tits
isn't kind of symbolism where

the subject claims responsibility for virginal
romance
that empowers their version of accomplished
feminism.

There is no naiveté of the helpless woman
acting as an excuse for protectionism.
Based on the amount of milliliters of sperm
wasted on every *monte de venus*.
We have nullified the criteria under which
the idiocy of monarchic ethics guides our disposition
in all emancipatory procedures.

Official communication
under the rational jurisdiction
of this quilombo at the front lines:
Civic reform and practice
result futile for uprooted sons.
Peace doves are crude decoys
standing in front of thousands of birds of prey.

Every verbal aggression
will be simplified to the most common and
colloquial level
in the world of ideas.
Two smacks to greediness in defense
so it remains clear that this intellect drives knuckles
in
a sophisticated manner as well.

Two slashes to a psalm with drums
and a well made Bolshevik cap.

Official communication
under the rational jurisdiction
of this happy quilombo:

Citizen, there is no jungle fever here.
The jungle and it's permutations have tinted our
shade
long before consciousness.
We will no longer be confused by tones and textures.
Notes are the same though the scores change.

To courage we dance.
Here, we dance courageously.
Victory is a fist in the air.
And booties bounce full of life in this perfect chaos.

Not everyone is welcome.
They are welcome, the others.

Official communication
under the rational jurisdiction
of this quilombo.

Comunicado Oficial

Comunicado oficial
bajo la jurisdicción racional
de este quilombo emancipado:

hacerle frente al esquema
implica un juego de ajedrez con el mercenario.
Buscarnos dentro de su propia esencia,
beber de su esporádico placer
sin embriagarnos hasta la ceguera.

Sin la mesura coloquial del comportamiento
adecuado,
usemos sus mecanismos de guerra
y pongamos precio nuevo a nuestro azúcar.
Pago al contado
que aquí no hay crédito pa'l que traiciona al espejo.

Comunicado oficial
bajo la jurisdicción racional
de este quilombo liberado:

aquí todos cogemos con todos.
La transgresión es mi persona
que a través de la palabra enciende el motor de la
lucha,
motivo por el cual
el poder de mi pene es directamente proporcional a
la inteligencia de tus caderas,
quedando claro que el mamarte las tetas
no es simbolismo bajo el cual

este sujeto reivindique al romanceo virginal
que empodera su versión de feminidad acomplejada.

Aquí no hay ingenuidad de mujer indefensa
como excusa para el proteccionismo.
Anulando el criterio bajo el cual
el idiota de la ética monárquica calibra nuestra
utilidad en todo proceso emancipador,
basándose en la cantidad de mililitros de esperma
vertidos en montes de venus distintos.

Comunicado oficial
bajo la jurisdicción racional
de este quilombo en pie de lucha:

reforma y práctica cívica
resultan irrelevantes para los hijos del desarraigo.
Palomas de la paz son burdos señuelos
frente a millares de aves de rapiña.

Cada agresión verbal
será simplificada al nivel más coloquial de
vulgarización en el mundo de las ideas.
Dos bofetadas de hartazgo en defensa
para que quede claro
que este intelecto también maneja nudillos de forma
sofisticada.

Dos rebanadas de un salmo con tambores
y una gorra de bolchevique bien calzada.

Comunicado oficial
bajo la jurisdicción racional

de este quilombo alegre:

aquí no hay fiebre de selva, ciudadano.
Que la selva y sus vacilaciones colorean nuestra
sombra desde antes de la consciencia.
Que no los sigan confundiendo
con tonos y con texturas,
que las notas son las mismas
aun cuando varían las partituras.

Al coraje se le baila.
Aquí se baila con coraje.
Victoria es un brazo al aire.
Y las nalgas brincan cantando vida en el caos
perfecto.

No sean todos bienvenidos.
Sean bienvenidos aquéllos, los otros.

Comunicado oficial
bajo la jurisdicción racional
de este quilombo.

.

Four-engine

They say Raul killed Camilo,
and if myth kills hunger, there won't be a perfect
romance,
a pound is more or less half of a kilo.

The mask changes form depending on the context;
chameleonic.
but we have to be clumsy, stupid and irresponsible
to be a dark skinned republican
under the little Havana sun, making the symphony
charanga.
Gloria is hollering "conga", satisfied with her
shameless obesity,
guayabera on her chest and the profile of Andy
Garcia boasting a tropical reproduction
of Castilla.

Their drunk ambition envisions a direct cable car
from *el morro* to old San Juan, all inclusive.

The nerve of the following 9, 10, 11, 12 hours, four-
engine in reverse.

There is a crisis that hangs between sterility in
ideological diversionism and the common failure of
capital within the laws of Walter Mercado.

Not everything is stones in the incapacity of the
Libreta and it's two pounds,

place part of the blame on the buccaneer, the one
who sells dreams of turning the whole island into a
casino.

They say Posada Carriles is a transparent
philanthropist,
american express, *las Damas de Blanco*, charge it to
the game.

The revolutionary icon: I don't know how to argue
with faggots,
I believe in Teofilo's gloves are a boxing machine,
cojones!
Over there, Hilary Clinton doesn't go around
validating lesbians in dress pants,
they forgot to send the package with his Perestroika
instruction manual.

Some people are crazy about a Wal-Mart *en el
Vedado*
gated communities and solar panels with controlled
access
and the most valiant critics watchfully guard the
credentials that afford them
state security.

They say Raul killed Camilo, and if myth kills hunger
there won't be a perfect
romance,
a pound is more or less half of a kilo.

Myopic analyses establish selective awe in citizen
conduct.

In Havana there are no drones painting the sky with pesticide and misery's bailiwick extends more than 40 miles and leads to a plate of food.
They say.
They all say.
All I say,
Revolution dismantled.

Cuatrimotor

Dicen que Raúl mató a Camilo
y si el mito mató el hambre, no habrá romance
perfecto,
una libra es más o menos medio kilo.

La máscara cambia de forma dependiendo del
contexto, camaleónica.
Pero hay que ser bruto, necio e irresponsable pa' ser
republicano en piel de prieto bajo el sol de la
pequeña Habana, charanguea la sinfónica.
Gloria esta gritando *conga*, complaciente a una
obesidad desvergonzada,
guayabera al pecho y el perfil de Andy Garcia
vanagloria una reproducción tropical de Castilla.

La ambición bufa urgente de un morro con teleférico
directo al viejo San Juan,
all inclusive.

El descaro de las 9, 10, 11, 12 horas subsecuentes,
cuatrimotor en reversa.

Hay una crisis que se columpia entre el
señalamiento infértil al diversionismo ideológico y
el vulgar fracaso del capital en la figura de un Walter
entre las leyes del mercado.

No todo es piedras a la incapacidad de la libreta y
sus dos libras,

remite la culpa parcial al bucanero, al vende sueños
de un casino en toda isla.

Dicen que Posada Carriles es transparente
filántropo,
paga la cuenta el juego,
american express, firman las damas de blanco.

El icónico revolucionario no supo bregar con los
maricones;
creó una máquina de boxeo en los guantes de
Teófilo, cojones,
y allá no llegó Hillary a validar lesbianas ataviadas
en pantalones,
a la Perestroika se le olvidó hacer el envío de sus
manuales de instrucciones.

Algunos están locos por un Wal-Mart en el Vedado,
comunidades enrejadas y solares con acceso
controlado,
y los críticos más bravos guardan cuidadosos el
carnet que los acredita como seguridad del estado.

Dicen que Raúl mató a Camilo y si el mito mató el
hambre no habrá romance perfecto,
una libra es más o menos medio kilo.

¿Cuántos faranduleros fumando Cohiba Espléndido
en San Francisco, capitalizando una cubanía
políticamente correcta, han dicho ¡*presente!* en el
malecón dos veces en su vida? Las necesarias para
legitimar el arroz *congri* de su poesía sabor a *non-
profit industrial complex.*

Dicen que Raúl mató a Camilo y aquí se escucha un *¡presente!* cuando hay que postrarse en el debate dicotómico.

Análisis miopes establecen pavores selectivos en la conducta ciudadana.

En la Habana no hay *drones* dibujando el cielo con pesticida, y el perímetro de la miseria se extiende más allá de 40 millas y de un plato de comida.

Dicen.
Todos dicen.

Seppuku no Harakiri

In spite of the lazy afternoon, swallow with despair
as though it were all about your last chance to be
face to face with a helping
of rice,
this is post-tramatic "me" syndrome.

"Afro-Futurist" attire doesn't free us from fear and
in the shadows under artificial
fires, we shit on ourselves,
falling short of the *cosmopolitan approach* ,
from Saul Williams to muzzles in thirty seconds,
with *codos cenizos*, ashy elbows,
eccema, the 3pm *siesta, i got the itis,*
that scramble to find oneself beautiful twenty-five
years too late.

Tell me doctor, how does one shed the disgrace of
eating with their hands?
surely not by slathering myself with kilos of
bleaching lotion,
the prescription is signed,
Sammy Sosa, Sammy Sosa, Sammy Sosa.

See my cousins suffering,
six ebony feet,
hesitating to idealize a snow-white virgin,
see them over there about to commit suicide when
Christianity reminds them
that their porcelain doll loves her hair pulled hard
while being fucked in the ass.

For a sweet escape and control of our tastes, we abandoned our
respect,
Seppuku, Seppuku, no Harakiri.

And so, doctor, how does the decolonial surgery process work?
Won't it only fill the pockets of this fear industry even more, at the price of blood?

Inflamed amygdales, surgery.
Stomach pain, surgery.
Headache, surgery.
Critical thoughts, insanity, overcrowding, no money, no hope in this
control clinic and sterilized subjugation.

Explain to our kids how our animality is legally justified.
They will change the name of this emancipatory exercise to "reactionary conduct
rooted in resentment".

Those liberals truly are characters,
please don't confuse their depression for boredom
with Kwame Ture, pensive
before refusing a greeting.

Don't be afraid to argue with the homeland,
locate and question its short route in time.

I learn, unlearn, filter and produce consciousness,

because this illness is curable with a counter-
hegemonic diet,
community sensibility, dignified indignation,
sovereign blackness.

Cheers for this new theater of the oppressed,
Free admission.
Free.

Seppuku no Harakiri

Deglute con desespero a pesar de una tarde sin
prisa,
como si se tratara de la última oportunidad de verse
cara a cara con una porción de arroz,
él es el "yo" del síndrome postraumático.

El atuendo "afrofuturista" no nos exime del miedo, y
a la sombra bajo los fuegos artificiales nos cagamos
encima,
perdiendo la cuadratura del *approach* cosmopolita,
de Saul Williams a bozales en treinta segundos, con
los codos cenizos, *ashy elbows*, eccema, la siesta de
las 3 pm, *I got the itis*,
ese frenesí por descubrirse bello veinticinco años
tarde.

Dígame doctor, ¿cómo se quita la vergüenza de
comer con las manos?
Seguramente no será untándome kilos de loción
blanqueadora;
la prescripción esta firmada,
Sammy Sosa, Sammy Sosa, Sammy Sosa.

Mira a mis primos sufriendo,
seis pies de ébano,
aprensivos por idealizar a una Blancanieves virgen;
allí los veré al borde el suicidio cuando el
cristianismo les recuerde que a su muñeca de
porcelana le gusta el sexo en cuatro mientras le jalan
el cabello con fuerza.

Nos quitaron el respeto propio a cambio de un dulce
enajenante y dueño de nuestro paladar,
Seppuku, Seppuku, no Harakiri.

Y entonces doctor, ¿cómo se aplica para el proceso
quirúrgico decolonial?
¿Será acaso inflándole más los bolsillos a esta
industria del miedo a costa de sangre?

Amígdalas inflamadas, cirugía.
Dolor de estómago, cirugía.
Dolor de cabeza, cirugía.
Pensamiento crítico, locura, hacinamiento; no hay
dinero, no hay esperanza en esta clínica del control y
sometimiento higienizado.

Explícale al niño en qué versa nuestro porcentaje
legislado de animalidad.
A este ejercicio emancipatorio le cambiaron el
nombre a conducta reaccionaria en base a
resentimiento.

Esos liberales sí que son personajes.
Favor de no confundir su depresión por
aburrimiento con Kwame Ture pensativo antes de
negar un saludo.

No tenga miedo a debatir con la patria;
cuestione y ubique su pedacito itinerario en el
tiempo.

Aprendo, desaprendo, filtro y produzco
conocimiento,
porque este mal es curable a base de dieta
contrahegemónica,
sensibilidad comunitaria, indignidad digna, negrura
soberana.

Albricias para este nuevo teatro del oprimido,
entrada libre.
Libre.

Also by Bocafloja

Book
ImaRginación: La poética del Hip Hip como
demesura de lo político (2008)

Magazine
Palabreando (2011)

Albums
Patologías del Invisible Incómodo (2012)
Existo: Matriz Preludio al Pienso (2009)
El Manual de la Otredad (2007)
A Titulo Personal (2005)
Jazzyturno (2003)

Bocafloja is available for lectures, academic
presentations, consulting, and performances.

For more information visit:
emancipassion.com

Contact:
mocambismo@gmail.com